WOLFGANG VREEMANN

JENSEITS DER MITTE

GEDANKEN ZUR ***ZWEITEN LEBENSHÄLFTE***

FSC
www.fsc.org
MIX
Papier | Fördert gute Waldnutzung
FSC® C083411

Wolfgang Vreemann
Jenseits der Mitte
Gedanken zur zweiten Lebenshälfte

Best.-Nr. 271882
ISBN 978-3-86353-882-8
Christliche Verlagsgesellschaft Dillenburg

Es wurde folgende Bibelübersetzung verwendet:
NeÜ bibel.heute, © 2010 Karl-Heinz Vanheiden und Christliche Verlagsgesellschaft.

1. Auflage

www.cv-dillenburg.de

Satz und Umschlaggestaltung: Christliche Verlagsgesellschaft Dillenburg

Druck: CPI Books GmbH, Leck
Printed in Germany

Wenn Sie Rechtschreib- oder Zeichensetzungsfehler entdeckt haben, können Sie uns gern kontaktieren: info@cv-dillenburg.de

Wolfgang Vreemann

Jenseits der Mitte

Gedanken zur zweiten Lebenshälfte

Inhalt

Vorwort

Es gibt Ereignisse im Leben, die äußerst schmerzhafte Wunden in der Seele zurücklassen. In meinem speziellen Fall wurde die Sache durch etwas verschlimmert, was in einem Sprichwort mit „Kindermund tut Wahrheit kund" umschrieben wird – wodurch alle Ausflüchte und Entschuldigungen hinfällig werden. Die tragische Geschichte ereignete sich vor einigen Jahren, fünf Monate nachdem ich die Altersgrenze zum 73. Lebensjahr überschritten hatte. Es war ein schöner Frühlingssonntag nach einem erfrischenden, gesegneten Gottesdienst, als ich den Gemeinderaum verließ und durch ein kleines Tor zum Parkplatz schreiten wollte. Eine mutige Kinderschar hatte das Türchen geschlossen und eine Menschenkette gebildet. Zahlreiche kleine Hände streckten sich mir entgegen, um so etwas wie Wegezoll zu erheben. Nun war gerade in diesem Augenblick meine Liquidität bezüglich kindlicher Zahlungsmittel auf den Nullpunkt gesunken: kein einziges Gummibärchen, kein Maoam oder andere Wertgegenstände fanden sich in Jacke oder Hose, nichts als gähnende Leere. Jetzt war mein ganzes Verhandlungsgeschick gefragt. Selbstbewusst und siegessicher brachte ich meine Argumente vor, um zu meinem Auto zu gelangen. Dabei hatte ich aber nicht mit der Härte der Gegenpartei gerechnet. Sowohl liebevolle als auch energische Worte prallten an einer Mauer des Widerstands ab. Die geballte Energie der geschlossenen Kinderschar widerstand meinem Anliegen, das kleine Tor auf normale Weise, ohne Wegezoll und ohne jegliche Form der Bestechung, zu öffnen.

Schließlich musste ich meinen ganzen Mut zusammennehmen und zum letzten Mittel greifen. Mit fester Stimme und strengen Falten auf der Stirn drohte ich den streitbaren Partisanen: „Wenn ihr das Tor nicht öffnet, dann springe ich eben über den Zaun!" Die Worte verfehlten zunächst ihre Wirkung nicht; es folgten einige Sekunden ratlosen Schweigens, Blicke wurden gewechselt, bis sich plötzlich durch eine überraschende Erkenntnis die Gesichtszüge der siebenjährigen Anführerin aufhellten. Sie stemmte ihre Fäuste in die Seite, richtete sich zu voller Größe auf, strahlte mich an und verkündete mir siegessicher ins Gesicht: **„Das kannst du doch gar nicht, du bist doch ein ganz alter Opa!"** Eine streitbare kleine Amazone hatte mich in die Knie gezwungen.

Jetzt war es an mir, die Schrecksekunde und die Dramatik dieser Aussage zu verarbeiten. Ich muss wohl einen sehr verzweifelten und bemitleidenswerten Eindruck hinterlassen haben, denn nach sehr kurzer Zeit wurde ohne jede Zahlung das kleine Tor wie von Geisterhand für mich geöffnet. Mit hängenden Schultern und bereichert durch eine schmerzhafte Erfahrung schlich ich zu meinem Auto. Es brauchte lange, bis ich wenigstens einen kleinen Teil meines Selbstbewusstseins wiedergefunden hatte. Da fühlt man sich jahrelang noch jung und frisch und verkündet immer wieder (auch ungefragt): „Ich bin so alt, wie ich mich fühle!" Und dann plötzlich, mit einem Schlag und einer kurzen Bemerkung aus Kindermund, fällt das ganze Kartenhaus jugendlichen Stolzes in sich zusammen. So schnell und erbarmungslos wird man zu einem alten Mann gemacht.

Damit Sie sich besser auf solche Situationen vorbereiten können, habe ich das vorliegende Buch zusammengestellt.

Schließlich wünsche ich Ihnen, dass unser Vater im Himmel Sie vor solchen Erlebnissen bewahrt. Ein bekanntes Sprichwort müsste man eigentlich so ergänzen: „Vor Gericht und auf hoher See und bei Kindermund ist man immer in Gottes Hand!“

1.
Der Zenit ist überschritten

Es lässt sich nicht leugnen: Mit 76 Jahren habe ich eindeutig meinen Zenit überschritten und bin schon lange in der zweiten Hälfte (eigentlich im letzten Viertel) meines Lebens angekommen. Deshalb nehme ich mir auch das Recht heraus, einen Augenblick stillzustehen und zurückzuschauen; und ich behaupte, zu den Themen „Zenit" und „Lebensmitte" aus eigener Erfahrung einiges sagen zu können.

Allerdings muss ich vorsichtig sein: Ich darf nicht meine eigenen Erlebnisse und Gefühle zum Maßstab für alle machen. Eine Vorbemerkung ist mir daher sehr wichtig:

Jeder Mensch ist ein einzigartiges, individuelles Exemplar aus der Schöpfungswerkstatt Gottes, und genauso individuell und einmalig erlebt jeder seine eigenen Lebensphasen.

Trotzdem gibt es gewisse Phänomene, die bei fast allen Menschen in ähnlicher Form zu beobachten sind. Die Lebensuhr tickt schließlich für jeden von uns gleich schnell – wir empfinden es nur unterschiedlich.

Zunächst müssen wir klären, was in diesem Zusammenhang der „Zenit des Lebens" ist. Der Begriff Zenit kommt ursprünglich aus dem Arabischen und bezeichnet den Scheitelpunkt (höchsten Punkt) des Himmelsgewölbes; im übertragenen Sinn ist es also die Lebensphase mit der größten Schaffenskraft, den meisten

Erfolgen, der höchsten Leistungsfähigkeit. Ob damit auch ein Höhepunkt des Lebens erreicht ist, mag dahingestellt bleiben. Und dieser Zeitpunkt ist bei jedem Menschen – je nach Tätigkeit – sehr unterschiedlich: Der Fußballprofi hat seinen „Zenit" im Allgemeinen zwischen 25 und 30 Jahren, der Geisteswissenschaftler oft erst mit 60 oder 70. Wenn man nun rein biologische Alterungsprozesse betrachtet, dann landen wir für die meisten Menschen bei einem Lebensalter zwischen 40 und 50 Jahren. Um diese Zeit herum beginnt im Allgemeinen die sogenannte zweite Lebenshälfte, und darum geht es in diesem Buch.

Eine weitere Vorbemerkung: Den Zenit des Lebens spürt man nicht! Da gibt es keine rote LED und keinen Klingelton, der den Gipfelpunkt meines Lebens einläutet. Ich merke erst viel später, oft zehn, manchmal erst 15 Jahre danach, dass irgendwann in der Vergangenheit die Leistungskurve einen Knick nach unten bekommen hat. Wenn ich mich also auf die zweite Lebenshälfte einstellen und dafür vorbeugen will, muss ich schon mal in den Kalender schauen oder mich von meinen Enkeln oder anderen sympathischen Menschen nach meinem Alter fragen lassen. Dann wird mir vielleicht bewusst, wo der Zeiger meiner Lebensuhr steht. Diesen Fehler habe ich nämlich selbst gemacht, habe nicht danach gefragt und mit Volldampf weitergearbeitet, bis mein himmlischer Vater nach meinem 60. Geburtstag die Notbremse gezogen und mich für einige Zeit ins Abseits gestellt hat. Als mir vor einigen Jahren meine alten, „analogen" Terminkalender in die Hände fielen, sagte ich voll Erstaunen zu meiner lieben Frau: „Ich weiß gar nicht, wie ich das damals alles geschafft habe!" Die Antwort meiner Frau war: „Ich habe dir ja schon immer gesagt, du machst zu viel!" Ich fürchte, sie hatte recht. Meinen Zenit hatte ich unbemerkt überschritten.

Immer schneller

In meiner Jugend wurde oft das 120 Jahre alte Lied gesungen: „Es eilt die Zeit, die Stunden flieh'n, und niemand hält sie auf. Auch deine Jahre geh'n dahin, wie schneller Wogen Lauf." Dieser Text ist mir in den letzten zehn Jahren mehrmals eingefallen, weil ich zusammen mit meinen Altersgenossen immer stärker dieses allgemein bekannte Phänomen gespürt habe, dass die Zeit schneller und schneller rast. Die ablaufende Zeit scheint ein recht eigenwilliges Gebilde zu sein. Wenn ich meine Armbanduhr betrachte, läuft der Sekundenzeiger offenbar immer mit derselben Geschwindigkeit. Das hat mir auch der Uhrmacher bestätigt, und der muss es schließlich wissen. Aber meine Gefühle rebellieren jedes Jahr mehr dagegen. Es gibt zwar Augenblicke, wie z. B. im Behandlungsstuhl des Zahnarztes, da scheint der Zeiger aufreizend langsam zu schleichen (als wolle er mich provozieren). Aber ansonsten jagen die Wochen von Jahr zu Jahr schneller voran. Und in den schönen Stunden, im Freundeskreis oder bei einem spannenden Buch, da wird das Gaspedal der Zeit meist bis zum Anschlag durchgedrückt.

Wir müssen uns also darauf einstellen, dass in der zweiten Lebenshälfte alles noch schneller vergeht als im Alter von 20 oder 30 Jahren. Dafür scheint es unterschiedliche Gründe zu geben. Meine Theorie: Wir empfinden die Zeitspanne jedes ablaufenden Jahres auf dem Hintergrund der bisherigen bewusst erlebten Jahre; für einen 25-Jährigen bedeutet ein Jahr noch ein Zwanzigstel seiner bisherigen bewussten Lebenszeit, für einen 55-Jährigen aber nur noch ein Fünfzigstel, was natürlich erheblich weniger ist; seine Zeit vergeht also mindestens doppelt so schnell.

Außerdem spielt es offensichtlich eine Rolle, wie viel Neues wir zu verarbeiten haben: Mit 25 Jahren gibt es viel mehr Neues (z. B. im Beruf) als mit 55 Jahren – und dadurch erscheint die ablaufende Zeitspanne im Alter deutlich kürzer. Aber alle Theorien helfen mir nicht weiter: Ich muss mich darauf einstellen, dass ich jenseits meines Zenits schneller am Lebensende angekommen bin, als ich mir vorgestellt habe. Vor über 2000 Jahren hat der römische Dichter Horaz angesichts der eilenden Zeit den Menschen geraten: „Carpe diem!" – das heißt: „Nutze den Tag!" oder „Genieße den Tag!" Leider hatte er damals wahrscheinlich keine Gelegenheit, die jüdischen Schriften zu studieren. Sonst hätte er nämlich bei dem Propheten Amos nachlesen können: ***„Mach dich bereit, deinem Gott zu begegnen!"*** (Am 4,12b). Das ist zweifellos die viel wichtigere Aktion in meinem Leben, als nur den Tag zu genießen. Wenn ich die Frage meiner Gottesbeziehung geklärt habe, dann kann ich mich getrost den übrigen Herausforderungen der zweiten Lebenshälfte stellen, jeden Tag mit gut genutzten Augenblicken füllen und vieles genießen, was mir mein Vater im Himmel schenkt.

Alterungsprozesse

Trotzdem werde ich Jahr für Jahr älter, das ist „so sicher wie das Amen in der Kirche". Genau genommen fängt das Altern schon bei der Geburt an. Aber warum ist das so? Was spielt sich da in meinem Inneren ab? Rein äußerlich ist es im Laufe der Jahre deutlich erkennbar: Die Haare ergrauen oder fallen aus, die Haut wird runzelig und fleckig, der Rücken krumm, die Kraft lässt nach. Da helfen auch kosmetische Operationen, kiloweise

Make-up oder Powerdrinks für Senioren nicht viel. Trotzdem haben Menschen von alters her den Traum des langen oder sogar ewigen Lebens auf der Erde gehabt. Schon zur Zeit von Alexander dem Großen (ca. 300 v. Chr.) gab es das Gerücht eines Jungbrunnens, in dem man baden oder aus dem man trinken konnte, um wieder jung und frisch zu werden. Vom Altertum über das Mittelalter bis heute hat sich diese Illusion erhalten; passende Produkte mit dem Namen „Jungbrunnen" sind auch heutzutage noch überall im Internet erhältlich. Sie helfen wirklich, aber in erster Linie dem Hersteller. Man kann es drehen und wenden, wie man will: Trotz teuerster Mittel und größter Anstrengungen ist irgendwann der letzte Tag des Lebens gekommen. Das gilt für alle Geschöpfe auf der Welt.

Jede Tierart hat ihr genetisch festgelegtes Höchstalter. Hunde und Katzen können zwölf bis 15 Jahre alt werden, Riesenschildkröten über 200, der Grönlandhai sogar 400 und die Islandmuschel angeblich 500 Jahre. Für den Menschen haben verschiedene Forschergruppen festgestellt, dass er maximal 120 bis 130 Jahre alt werden kann. Die Wissenschaftler hätten sich eigentlich ihre aufwendigen Untersuchungen sparen können, wenn sie mal in der Bibel nachgesehen hätten. Unmittelbar nach der Schöpfung erreichten die Menschen nämlich eine unglaubliche Zahl an Lebensjahren: Bis zu 969 waren es bei einem sprichwörtlichen Herrn namens Methusalem. Aber später, als die Menschen immer aufsässiger und unvernünftiger wurden, kam die Sintflut, und danach war Schluss mit dem hohen Alter, und zwar weil Gott es so bestimmt hatte. ***„Da sprach der Herr: ‚Die Menschen sollen von nun an nicht mehr so lange leben, denn sie sind sündig. In Zukunft sollen sie nicht länger als 120 Jahre leben'"*** (1Mo 6,3; NLB). Möglicherweise hat der Schöpfer kurzerhand die genetischen Strukturen des Menschen verändert. So wurde das Lebensalter deutlich reduziert: Noah lebte noch insgesamt 950 Jahre, Abraham nur 175 und Mose 120 Jahre. Die späteren Könige in Israel und Juda brachten es lediglich auf 50 bis 60 Jahre oder weniger (z. B. wenn man sie nach damaliger Sitte einfach umbrachte, falls sie versagten oder unbeliebt waren).

Heutzutage sucht die Wissenschaft nach Möglichkeiten und Mitteln, die das Altern aufhalten können. Dazu gehen Forscher zunächst der oben erwähnten Frage nach, warum oder wodurch wir älter werden. Offensichtlich gibt es dafür mehrere Ursachen:

- Da ist einmal die Lebensweise: Nikotin, Stress, viel Fett und Zucker lassen die Blutgefäße und damit auch die inneren Organe altern; UV-Strahlen (Sonne) und Zigaretten machen die Haut runzelig und spröde.

- Außerdem spielt die Erbanlage eine Rolle; meine Gene, die ich von Vater und Mutter geerbt habe, regulieren meinen Stoffwechsel und ebenso die Alterung meiner Zellen. So gibt es Familien mit mehreren 100-Jährigen, während in anderen Familien die durchschnittliche Lebenserwartung deutlich kürzer ist.

- Auch der Hormonhaushalt hat einen Einfluss. Ein hoher Testosteron-Spiegel verkürzt das Leben; vielleicht sterben Männer deshalb statistisch gesehen etwas früher als Frauen.

An meinen Genen und an meinem Hormonhaushalt kann ich nichts ändern, aber meine Lebensweise kann ich durchaus beeinflussen: gesunde und abwechslungsreiche Ernährung, Verzicht auf Genussgifte wie Nikotin, ausreichend Bewegung und vor allem geordnete Beziehungen zu Gott und den Menschen – das sind die Möglichkeiten, die ich selbst in der Hand habe, um ein möglichst langes, gesundes Leben zu führen. Das sagen sogar Wissenschaftler, die nicht an Gott glauben. Alles Weitere liegt in der Zuständigkeit meines Schöpfers.

Meine Herausforderungen

Ich besitze keine biblische Zusage, dass mein Leben als Christ auf Rosen gebettet ist; manchmal sind mehr Dornen als Rosen im Spiel. Und die können in jeder Lebensphase auftauchen. Mein himmlischer Vater prüft meinen Glauben. Der Übergang in die zweite Lebenshälfte bietet besonders viele Herausforderungen, die ich manchmal gar nicht bewusst registriere, weil ich so beschäftigt bin. Da ist in erster Linie der Beruf, der im Allgemeinen den allergrößten Teil der Zeit, der Energie und der Aufmerksamkeit in Anspruch nimmt, oft sehr zum Leidwesen des Ehepartners. Das gilt für Männer und Frauen gleichermaßen. Auch die Hausfrau und Mutter von vier oder fünf Kindern wird von ihren vielfältigen Aufgaben vollkommen in Anspruch genommen, und zwar sieben Tage in der Woche (sie hat übrigens den wichtigsten Beruf der Welt, weil durch sie die nächste Generation entscheidend geprägt wird!). Nahezu jeder ist im Laufe der Jahre so stark eingebunden in seine Tätigkeit, dass er sich wie in einem Hamsterrad mit Endlosschleife fühlt. Und plötzlich (oder auch allmählich) läuft dieses Rad nicht mehr richtig rund: Es quietscht, schlingert und bleibt manchmal ganz stehen. Der Lebensrhythmus gerät aus den Fugen: Ich komme mit dem neuen Computerprogramm nicht zurecht, die Umstrukturierung im Betrieb stellt mich vor ungewohnte Aufgaben, der Personalchef redet von betriebsbedingten Kündigungen – das alles kann mich aus der Bahn werfen, weil mir einfach die Kraft fehlt, mich auf etwas Neues einzulassen.

Gleichzeitig gibt es Probleme in der Familie: Die jüngste Tochter sucht vergeblich einen Studienplatz, der Sohn will die Schule abbrechen, unsere Älteste erwartet ihr erstes Kind, und der Schwiegervater wird nach einem Schlaganfall pflegebedürftig usw. Wie soll ich das alles nur bewältigen? Muss ich mich eigentlich um alles kümmern?

Mein Ehepartner schafft es auch nicht mehr. Überhaupt haben wir uns bei dem übervollen Terminkalender etwas auseinandergelebt. Jeder konzentriert sich eben vollkommen auf seine eigenen Aufgaben. Für romantische Abende bleibt schon lange keine Zeit mehr. Wenn ich etwas genauer in mich hineinhorche, ist von der romantischen Liebe der ersten Ehejahre nichts mehr übrig geblieben – eigentlich sehr schade! Jetzt verstehe ich auch, warum die meisten Ehen im Alter von 45 bis 50 Jahren geschieden werden. Na ja, so weit wird es bei uns hoffentlich nicht kommen ... Und wenn ich meinen gleichaltrigen Nachbarn sehe, der vor zwei Jahren seine Frau durch eine Krebserkrankung verloren hat, dann möchte ich mit ihm und seiner Einsamkeit auch nicht tauschen. Single zu sein im Alter, das ist wirklich nicht einfach!

Die Ehrenämter im Verein und in der christlichen Gemeinde nehmen mich immer stärker in Anspruch. Alle möchten von meinen Fähigkeiten und Erfahrungen profitieren, und für mich ist es eine Sache der Ehre. Trotz der vielen Arbeit machen mir diese Aufgaben Freude. Ich bekomme Lob und Anerkennung! So schnell gebe ich nicht auf, ich kämpfe weiter; schließlich geht es hier um den Auftrag Gottes. Und nebenbei verlangt mein Körper nach sportlichem Ausgleich und Zeiten der Entspannung. Da kommt leider das persönliche Glaubensleben mit Gebet und Bibelstudium oft genug zu kurz. Na ja, in der Bibel kenne ich mich ganz gut aus, besser als mancher Jüngere; aber geistlich gesehen kann man nicht nur vom Eingemachten leben.

Zu allem Überfluss machen sich jetzt trotz regelmäßigem Joggen auch noch Herzbeschwerden bemerkbar und erinnern mich daran, dass mein Vater mit 52 seinen ersten Herzinfarkt hatte. Plötzlich werde ich mit einem bisher unbekannten Gedanken konfrontiert: Irgendwann geht mein Leben auf der Erde zu Ende, und jeder Tag bringt mich diesem Zeitpunkt einen Schritt näher! Fragen tauchen auf: Wie wird wohl die letzte Wegstrecke für mich aussehen? Was hat mein Vater im Himmel mit mir vor? Kann ich mich darauf vorbereiten? Was ist jetzt wichtig? Sollte ich schon mal etwas für meine Beerdigung vorbereiten? Das ist einer dieser Momente, in denen ich mich trotz aller Sorgen an die Chance erinnere, meinen nächsten Lebensabschnitt aktiv zu gestalten. Gerade weil die Mitte des Lebens eine krisenanfällige Zeit ist, sollte ich mit Gottes Hilfe versuchen, den kritischen Punkten früh genug zu begegnen.

Was sagt die Bibel?

Auch die Menschen der Bibel haben da oft versagt, mit ganz unterschiedlichen Turbulenzen im Alter. Und wenn es einigen trotz der Probleme gelungen ist, ihre zweite Lebenshälfte optimal zu gestalten, dann war es immer die besondere Gnade Gottes. Hier sind ein paar Beispiele:

Noah wurde (wie oben erwähnt) 950 Jahre alt, unter heutigen Verhältnissen unvorstellbar. In seine zweite Lebenshälfte fiel der Auftrag zum Bau der Arche, dann kam die Sintflut und danach der Bund Gottes mit ihm und dem Rest der Menschheit. Seine Altersweisheit verhinderte allerdings nicht, dass Noah – wahrscheinlich unbewusst – zuletzt noch eine große Dummheit beging: Er pflanzte sich Weinberge und genoss eine recht hohe Dosis von dem köstlichen Getränk, sodass er betrunken und nicht mehr ansprechbar in seinem Zelt lag. Ein Sohn machte sich über ihn lustig; die beiden anderen versuchten, den Schaden zu begrenzen. Und das Ganze endete mit einem generationsübergreifenden Fluch, der noch heute die Feindschaft unter den Volksgruppen im Vorderen Orient begründet.

Abraham hatte die Höhepunkte seines Lebens ausschließlich in der zweiten Hälfte: Mit 75 Jahren wanderte er in das gelobte Land Kanaan aus, erst danach erhielt er von Gott mehrfach Verheißungen und Segen; und als er 100 war, wurde sein Sohn Isaak geboren. Mit 160 konnte er sich über die ersten Enkel Esau und Jakob freuen. Gottes Zusagen (Nachkommen so zahlreich wie die Sterne am Himmel) hinderten ihn aber nach dem Tod seiner Frau Sara nicht daran, im Alter von etwa 145 Jahren noch einmal zu heiraten und Söhne zu zeugen. Die Konkurrenz unter den Kindern war trotz Abrahams Vorsichtsmaßnahmen vorprogrammiert. Kein Wunder, dass es später unter seinen Nachkommen Krieg zwischen den Völkern gab (z. B. zwischen Israel und Midian).

Dagegen erlebte etwa 700 Jahre später die Jüdin **Noomi** Gottes ganz besonderen Segen in ihrer zweiten Lebenshälfte. Nachdem sie in jungen Jahren wegen einer Hungersnot in das Land Moab geflüchtet war und dann noch ihren Ehemann und die beiden Söhne verloren hatte, schenkte ihr später die treue Schwiegertochter Rut nach der Rückkehr in die Heimat den ersehnten Enkel, der ihr Leben bereicherte und sie wieder zu einer glücklichen Großmutter machte. Zu ihren Nachkommen gehörten König David und unser HERR Jesus Christus.

Der berühmte König **Salomo** hatte zwar von Gott gewaltigen Reichtum und sprichwörtliche Weisheit erhalten, aber die ganze Klugheit bewahrte ihn im Alter nicht vor sehr schlimmen Fehlentscheidungen: 700 vornehme Frauen, viele aus dem Ausland, und 300 Nebenfrauen füllten seinen Harem (wie kann man nur so vielen Frauen gerecht werden?); an ihnen hing er mit Liebe, wie die Bibel berichtet (1Kö 11,2) – aber rein menschlich gesehen ist es unmöglich, so viele Frauen mit Namen zu kennen und wahrhaft zu lieben. Sie waren für ihn offensichtlich – wie damals bei den Herrschern üblich – hauptsächlich Prestige-Objekte. Damit nicht genug, er ließ sich von ihnen leider auch zum Götzendienst verführen, eine Katastrophe für ihn und das ganze Volk Israel.

Meine Chancen

Wenn selbst berühmte und begabte Männer Gottes in ihrer zweiten Lebenshälfte versagt haben, gibt es dann für mich kleinen Menschen heute noch eine Chance, wenn meine Kräfte so langsam nachlassen und ich mein Alter spüre? Ist da nicht die Niederlage des Glaubens vorprogrammiert? Wie kann ich mich vor solchen folgenschweren Dummheiten (wie bei Noah, Abraham und Salomo) schützen? Kann ich mich überhaupt selbst bewahren? Wenn ich die vielen Fehler, Sünden und Unvollkommenheiten betrachte, die mein bisheriges Leben geprägt haben, dann sehe ich wirklich schwarz für meinen bevorstehenden Lebensabend. Ein kleiner Hoffnungsschimmer kommt – wie immer – aus Gottes Wort. Einer der Psalmdichter kann mich mit seiner Zuversicht anstecken:

> *Gott, von frühester Kindheit an warst du mein Lehrer, und ich habe den anderen Menschen stets von deinen herrlichen Taten erzählt. Nun, da ich alt und grau bin, verlass mich nicht, o Gott. Lass mich von deiner Macht auch der kommenden Generation noch erzählen und von deiner Kraft allen, die nach mir kommen. ... Not und Leid hast du zwar zugelassen, doch du wirst mir das Leben neu schenken und mich auch aus der dunkelsten Tiefe wieder heraufholen. (Ps 71,17-18.20; NLB)*

Diese Worte halten mir mehrere Tatsachen und Chancen deutlich vor Augen:

- Es ist hilfreich, wenn ich von Jugend an die Beziehung zu meinem himmlischen Vater pflege.
- Wenn die Kräfte nachlassen, treten auch bei Christen Angst, Sorgen und Unsicherheiten auf.
- Genau das darf ich meinem Vater im Himmel ungeschminkt sagen.

- Gott lässt im Leben seiner Kinder auch Not und Leid zu.

- Aber er gibt mir das Versprechen, mich aus dunklen Tälern wieder nach oben zu bringen.

- Mein Wunsch sollte es sein, meinen Nachkommen etwas von Gottes Größe weiterzugeben.

- Ich brauche also trotz früherer Niederlagen und neuer Herausforderungen auch in der zweiten Hälfte meines Lebens nicht mutlos zu werden.

Im Grunde genommen gibt es zahlreiche Möglichkeiten, den letzten Lebensabschnitt aktiv zu gestalten:

- So kann ich auch mit grauen Haaren viel zur Verbesserung meiner Ehe beitragen, z. B. unter dem Motto „Gute Ehen besser machen".

- Ich habe jetzt auch mehr Zeit, die Verbindung zu meinen Freunden und Verwandten aufrechtzuhalten; das bereichert mein Dasein!

- Meine Lebenserfahrung und meine berufliche Kompetenz kann ich ehrenamtlich in vielen Bereichen nutzbringend einsetzen.

- Und endlich gibt mir mein Tagesablauf auch die Möglichkeit, mehr für die Gesundheit und die körperliche Fitness zu tun.

- Der Alltagsstress ist Vergangenheit, jetzt schenkt mir mein Vater im Himmel ausreichend Zeit, um Essen und Trinken, Haus und Garten, Wandern und Schwimmen, Lesen und Lernen und vieles mehr in Ruhe zu genießen. Ich muss nur einen Blick dafür bekommen und kann dann meinen himmlischen Vater mit tiefer Dankbarkeit und Zufriedenheit ehren.

Die verschiedenen Bereiche meines Lebens mit ihren Herausforderungen, Chancen und biblischen Beispielen möchte ich in den einzelnen Kapiteln näher beleuchten.

2.
Der Segen einer Auszeit

In unserer ersten Lebenshälfte gibt es unendlich viel zu überlegen, zu planen und zu entscheiden. Das fängt schon in der Schule an und wird dort noch aktiv von den Eltern begleitet. Aber früher oder später muss ich auf eigenen Füßen stehen und lasse mir auch nicht mehr von Vater oder Mutter in meine Pläne hineinreden: Berufswahl und Ausbildung, Arbeitsstelle und Wohnort, Ehepartner und Familienplanung, Freundeskreis und geistliche Heimat usw.

Bei der einen oder anderen Frage habe ich damals, in jungen Jahren, selbst Rat gesucht, aber vieles habe ich auch „einfach so", oft ohne großes Nachdenken, entschieden. Selten habe ich bewusst und intensiv für eine Sache gebetet. Nur die Berufswahl und die Suche nach einer Ehefrau machte ich zu einem echten Gebetsanliegen. Und das hat sich wirklich gelohnt! Erst im Rückblick erkenne ich, wie mein Vater im Himmel mich durch seinen Geist geführt hat: Er hat mir bereits nach meinem „normalen" Gebet und ohne großes Flehen und Bitten eine wundervolle Ehefrau geschenkt. Und bei der Wahl meines Studienfachs habe ich die Leitung des Heiligen Geistes hautnah gespürt. Das waren im Grunde genommen nur wenige Minuten der Entscheidung, die sich mir aber tief eingeprägt haben, gewissermaßen auch im Rahmen einer „Auszeit". Deshalb möchte ich sie hier einmal schildern:

Als Kind und als Jugendlicher hat sicher jeder von uns verschiedene Berufswünsche vor Augen gehabt. Bei mir reichten sie vom Möbelwagenfahrer über Elektriker, Lehrer, Lokführer und Lufthansa-Pilot bis hin zum Astrophysiker. Natur und Gottes Schöpfung interessierten mich in der Oberstufe des Gymnasiums besonders, alles andere aber war unsicher. So saß ich nun zehn Monate vor meinem Abitur während der Schulferien bei einer recht stupiden Schreibtischarbeit einsam und allein in einem altmodisch eingerichteten großen Büroraum, in dem früher einmal der Seniorchef dieser Firma residiert hatte. Schwere braune Eichenmöbel sorgten für eine dunkle, bedrückende Atmosphäre. Ich sehe das Zimmer noch deutlich vor mir. Während dieser eintönigen Arbeit konnte ich meine Gedanken frei wandern lassen. Sie blieben bei meinen Studienplänen hängen. Ganz plötzlich und unvermittelt schoss mir dabei ein Gedanke wie ein Blitz in meinen Kopf: „Du solltest Medizin studieren!" Vorher hatte ich nie an dieses Fach gedacht, aber jetzt, innerhalb von Sekunden, erschien mir dieser Vorschlag Gottes als die ideale Lösung meines Problems: Ja, genau das war es! Hier konnte sich mein Interesse für Biologie und Natur mit dem Kontakt zu Menschen verbinden, außerdem würden sich sogar missionarische Möglichkeiten ergeben. Innerhalb von fünf Minuten erfüllten mich ein tiefer innerer Frieden und eine große Freude, weil ich jetzt genau die richtige Antwort auf meine Frage hatte. Alles war geklärt! Und es traten auch nie mehr Zweifel an dieser Berufswahl auf. Für mich ist es im Rückblick eindeutig das Wirken des Heiligen Geistes und das Eingreifen Gottes in meine Lebenspläne. Heute bin ich ihm unendlich dankbar für diese Wegweisung und für viele weitere Weichenstellungen, die im Laufe der Zeit noch folgten.

Möglich wurde das Reden Gottes durch die Ruhe, die einfache Arbeit und die Konzentration auf die entscheidende Frage. Später im Beruf habe ich eine ähnliche Erfahrung gemacht: Wenn ich mal nicht mehr weiterwusste oder vor lauter Stress keinen klaren Gedanken mehr fassen konnte, habe ich – wenn eben möglich – eine Besinnungspause von fünf bis zehn Minuten eingerichtet, am Schreibtisch meinen Kopf auf die Hände gestützt, das Telefon kurz abgestellt, tief Luft geholt, ein Stoßgebet in den Himmel geschickt und mich ganz auf meine innere Kraftquelle, Jesus Christus, konzentriert. Danach hat die Arbeit fast jedes Mal wieder gut funktioniert. Solche Auszeiten, ob kurz oder lang, können ein Segen sein.

Eigene Erfahrungen

Diese beiden selbst erlebten Beispiele brachten mich auf die Idee, dass jeder Betroffene seine zweite Lebenshälfte oder den dritten Lebensabschnitt nach demselben Prinzip einer „Orientierungspause“ einläuten sollte. Übrigens: Genau das habe ich versäumt! Aber im Rückblick ist man ja immer etwas schlauer, und an dieser Erkenntnis möchte ich andere (also auch meine Leserinnen und Leser) teilhaben lassen. Weil ich den passenden Zeitpunkt für solch eine sinnvolle Auszeit verpasst hatte, musste mein Vater im Himmel bei mir etwas nachhelfen:

Als ich 60 Jahre alt war (also recht spät!), hat er die Notbremse gezogen und mich zunächst durch zwei längere Schübe einer neurologischen Erkrankung und ein paar Monate später durch eine Krebserkrankung in die notwendige monatelange Stille geführt. In kaum einer anderen Zeit habe ich mich meinem himmlischen Vater näher (und bei ihm geborgener!) gefühlt als in diesen Situationen. Auf diese Erfahrungen möchte ich nicht verzichten. Im Krankenzimmer entstanden dann die ersten Zukunftspläne: Beruflich musste ich kürzertreten, was mir mit Gottes Hilfe und der brüderlichen Unterstützung meiner Kollegen gelang. Die Ehrenämter im Weißen Kreuz konnte ich abgeben, die Aufgaben in der Gemeinde wurden auf andere Schultern verteilt. Gleichzeitig begann die intensive Suche nach einem Berufsnachfolger. Das dauerte fast drei Jahre; kurz vor meinem 64. Geburtstag erfolgte dann die Staffelübergabe. Danach stürzte ich nicht in ein Vakuum, sondern es folgte eine sehr schöne und erfüllte Zeit, auf die ich mich innerlich eingestellt und gefreut hatte. Eine große Vorbereitung war gar nicht nötig; Aufgaben gab es genug: in der Familie eine wachsende Enkelschar, in der Gemeinde der Bau eines Gemeindehauses und die Organisation einer regelmäßigen kommunalen Kinderferienbetreuung, die der Gemeinde zusätzliche Impulse und neue Kontakte „nach draußen" vermittelte. Wichtig war nur, die Hauptverantwortung in jüngere Hände zu legen oder auf mehrere Schultern zu verteilen. Dieses Loslassen ist nicht einfach, aber dringend notwendig.

Aus der Erfahrung kann ich allen Midlife-Betroffenen Mut machen, das Engagement in einer christlichen Gemeinde oder einer vergleichbaren Organisation gut vorzubereiten, auch wenn es im Zenit des Lebens kaum möglich ist, sich dort voll einzubringen. Im Gegenteil, da muss man oft die ehrenamtlichen Aktivitäten zurückfahren – nur bitte nicht ganz abbrechen! Denn später, zu Beginn des Rentnerdaseins oder bei einer Arbeitslosigkeit, gibt es keine sinnvollere Betätigung als im Reich Gottes. Es muss keine Führungsaufgabe sein, eher ein Dienst in der zweiten Reihe. Da wartet immer genug Arbeit, und zwar für jede Begabung. Aber bitte die Zeit und die Kräfte gut einteilen und den Ehepartner nicht vergessen! Das Beste ist, wenn wir als Ehepaar gemeinsam an einem Strang ziehen und uns – jeder an seinem Platz – für die Gemeinde oder eine ähnliche Aufgabe einsetzen.

Ideen zur schöpferischen Pause

Mit diesem Prinzip der Auszeit kann ich auch den Problemen in der zweiten Lebensphase begegnen: alles abschalten, eine Pause einlegen und den Vater im Himmel um Hilfe bitten.

Natürlich reichen da keine fünf oder zehn Minuten, das müssen schon fünf bis sieben Tage, am besten sogar zwei Wochen sein, die ich an einem abgeschiedenen Ort verbringe, auf einer Berghütte oder in einem abgelegenen Hotel oder auf einer Hallig in der Nordsee oder sogar im Kloster, allein oder nur mit meinem Ehepartner. Die aktuellen Probleme nehme ich mit in die Ruhe und Einsamkeit. Ich habe mich vorbereitet, bin mit Notizen, Ideen und meiner Bibel bewaffnet losgezogen. Gemeinsame oder stille Gebete begleiten mich, ebenso der Austausch mit meiner besseren Hälfte. Das sind ideale Voraussetzungen. Eine ganze Reihe von Fragen steht auf der Tagesordnung, z. B.:

- Wie geht es weiter im Beruf? Beförderung? Rückschritt in die zweite oder dritte Reihe? Altersteilzeit?

- Muss ich eigentlich auch etwas für meine Ehe tun, die ich viele Jahre kaum beachtet habe?

- Sind jetzt die erwachsenen Kinder an der Reihe? Brauchen sie Hilfe beim Hausbau, bei der Kinderbetreuung oder in anderen Bereichen?

- Ach ja, meine Enkel gibt es ja auch noch! Benötigen die vielleicht Nachhilfe in Mathe oder Englisch? Und die tiefgründigen Enkel-Gespräche haben nur ganz selten stattgefunden. Da gibt es einiges nachzuholen.

- Wie sieht es mit meiner Gemeindearbeit aus? Welche Gaben hat Gott mir gegeben, die vielleicht schon lange brachliegen?

- Oder soll ich noch einmal etwas Neues lernen, was ich mir seit der Jugendzeit gewünscht habe? Eine andere Sprache? Malerei? Musik? Kochkurs?

- Das teure Fahrrad steht schon viele Jahre verstaubt in der Garage ...

- Und wie wäre es mit einer schönen Reise als ehefördernde Maßnahme?

- ...

Auch wenn mir ein tagelanger Rückzug in Einsamkeit und Stille nicht möglich ist, sollte ich mein Anliegen trotzdem nicht auf Eis legen. Es ist einfach zu wichtig, sich auf die zweite Lebenshälfte vorzubereiten! Und nur in der absoluten Ruhe kann ich Gottes Reden richtig verstehen. Nahezu jede Tätigkeit im Leben erfordert eine gewisse Ausbildung, oft mit Prüfungen – warum nicht auch für den Lebensabend? (Z. B. wie beim Führerschein – so eine „Senioren-Fahrschule“ für Lebensfragen wäre nicht schlecht ...)

Wenn ich mir eine längere Auszeit nicht leisten kann, gibt es vielleicht einige Wochenenden, an denen ich mich mit oder ohne Ehepartner irgendwo zurückziehe, um die totale Ruhe zu genießen. Es muss unbedingt alles abgeschaltet werden oder für Außenstehende unerreichbar sein: Smartphone, Laptop mit Mailzugang, Telefon am Hotelbett usw. Soweit ich das einschätzen kann, würden ein Samstag und Sonntag mit 48 Stunden nicht ausreichen, um sich allen relevanten Themen zu widmen. Da muss man schon mehrfach auf Reisen gehen. Auf die Entfernung kommt es nicht an, oft genügen 20 oder 30 km, um sich wirksam vom Alltag zu distanzieren.

Jetzt holen Sie vielleicht tief Luft, halten sich Ihre augenblicklichen Pflichten einzeln vor Augen und schütteln dann Ihr weises Haupt: *NEIN, das geht bei mir auch nicht; schließlich muss ich in meinem Job immer erreichbar sein* – oder es gibt irgendeine andere zwingende Ausrede. Dann nehmen Sie sich wenigstens ein Minimalprogramm vor, mit bewusst geplanten und gut vorbereiteten Abenden für jeden einzelnen Bereich, der in der zweiten Lebenshälfte bedeutsam ist.

Unser Vater im Himmel hält außerdem noch weitere Möglichkeiten für Sie bereit: Es gibt gute Seminare oder Freizeiten von christlichen Organisationen oder Abendvorträge, die Sie bei der Vorbereitung auf die zweite Lebenshälfte weiterbringen.

Und schließlich kann es Ihnen so ergehen wie mir: Sie werden von Gott aufs Krankenlager befördert, liebevoll, aber bestimmt. Wie gut, wenn Sie es dann aus Gottes Hand annehmen können und sich nicht innerlich dagegen auflehnen. Denn wenn Sie rebellieren, würden Sie das Ziel nicht erreichen, das der Vater im Himmel für Sie vorgesehen hat. Krankheitszeiten können echte Segenszeiten werden. Voraussetzung ist, dass ich mich ganz in Gottes Hände fallen lasse. Ähnlich verhält es sich mit der plötzlichen Arbeitslosigkeit oder einem unvermittelt angebotenen vorzeitigen Ruhestand. Wenn der Schock der ersten Tage vorüber ist, nehmen Sie die erzwungene Untätigkeit als Geschenk, um alle weiteren Schritte bewusst zu planen und ins Gebet zu nehmen. Lassen Sie Ihren himmlischen Vater zu Ihrem Herzen reden! Sie dürfen mit seinem Segen rechnen.

Was sagt die Bibel?

Für diese Auszeiten, die man auch als „Schule Gottes" bezeichnen kann, gibt es zahlreiche biblische Beispiele, häufig mit der Zahl 40 verbunden. Diese Zahl ist dadurch zu einem Symbol für das Lernen in Gottes Gegenwart geworden. Auch unser HERR Jesus Christus war 40 Tage in der Wüste, um sich auf seinen öffentlichen Dienst vorbereiten zu lassen. Mose brauchte sogar 40 Jahre im Land Midian, um die göttlichen Lektionen zu lernen. Bei Jona dagegen kam Gott in drei Tagen und drei Nächten zu seinem Ziel, wobei die äußeren Umstände im Magen des Fisches nicht gerade einladend wirkten und den Lernprozess mit Sicherheit stark beschleunigt haben (wenn ich mir allein die Gerüche und die glitschigen Wände vorstelle ...). Ninive bekam dann wieder eine Galgenfrist von 40 Tagen, um Buße zu tun. Und Elia musste ebenfalls 40 Tage und 40 Nächte durch die Wüste wandern bis zum Horeb, dem Berg Gottes, um dort seine Unterrichtsstunden zu absolvieren. Im Neuen

Testament hatte eine Frau zwölf Jahre lang starke Blutungen, bevor Jesus sie heilte (Mk 5,25); es gab Menschen, die 38 Jahre gelähmt (Joh 5,5) oder mehr als 40 Jahre (Apg 4,22) krank waren, ehe ein Wunder Gottes ihr Leiden beendete: wahrlich gewaltige Geduldsproben in Gottes Schule. So viel Zeit brauchen wir im Allgemeinen nicht zu investieren, um uns auf den zweiten Lebensabschnitt vorzubereiten.

Die Konsequenzen

Für eine kurze geistliche Zusammenfassung unseres Themas eignet sich eine biblische Aussage aus dem wahrscheinlich ältesten Psalm, der Mose zugeschrieben wird:

> *Lehre uns zu bedenken, wie wenig Lebenstage uns bleiben, damit wir ein Herz voll Weisheit erlangen! (Ps 90,12; NGÜ)*

Das ist die beste und treffendste Überschrift für die Vorbereitung auf meine zweite Lebenshälfte. Ich darf zufrieden mit dem Erreichten und dankbar für Gottes Hilfe auf mein bisheriges Leben zurückblicken, ich kann Bilanz ziehen und ursprünglich gesteckte Ziele bewerten. Was mir gelungen ist, muss ich – wenn ich ehrlich bin – allein Gottes Gnade zuschreiben; missratene Pläne und geplatzte Hoffnungen dagegen zeigen mir vielleicht, dass mein Vater im Himmel mich vor gefährlichen oder falschen Wegen bewahrt hat. Ohne Angst vor Veränderungen und im vollen Vertrauen auf Gottes Führung kann ich dann daran gehen, meinen Alltag, meine Lebensbedingungen und meine Umgebung altersgemäß zu gestalten. Wieder einmal darf ich möglichst realistische Pläne schmieden und sie im Gebet vor Gott ausbreiten. Vielleicht gibt es sogar die Chance, unerfüllte Lebenswünsche (wie die große Erlebnisreise durch die Wildnis Kanadas) noch nachzuholen – oder ich verschiebe den Lebenswunsch in meine Fantasiewelt und erfreue mich an den herrlichen Bildern im Dokumentarfilm, statt mich über das Verpasste zu ärgern.

Entscheidende Fragen gilt es noch zu klären:

- Wie sehe ich mich als alternder Mensch?
- Wie möchte ich von anderen wahrgenommen werden?
- Wie will ich wirken auf die Menschen, die mir am nächsten stehen, wie z. B. Kinder und Enkel?
- Was soll ihnen später einmal, nach meinem Tod, von mir im Gedächtnis bleiben?
- Wodurch erreiche ich Ruhe, Gelassenheit, inneren Frieden, Dankbarkeit und Altersweisheit?

All das sind Kriterien, die mir helfen, meine zweite Lebenshälfte zu gestalten. Überhaupt gehören Zufriedenheit und Dankbarkeit zu den wichtigsten Elementen der Altersweisheit, die mich zu einem angenehmen Zeitgenossen und einem beliebten Großvater werden lassen; und sie bewahren mich vor Bitterkeit und depressiver Stimmung! Auch hinter dem Zenit gibt es also noch vieles, auf das ich mich freuen kann: den Kontakt zu den Enkeln und den Familien meiner Kinder, das Zusammensein mit guten alten Freunden, kleine Reisen in unsere schöne Heimat usw. Wenn es mir gelingt, einiges davon umzusetzen und dankbar anzunehmen, dann gehört der Modebegriff „Midlife-Crisis" für mich zu den absoluten Fremdworten. James Dobson, ein amerikanischer Psychologe und Seelsorger, hat einmal geschrieben: „Die Midlife-Crisis ist das Jüngste Gericht für ein Leben mit falschen Werten, nutzlosen Zielen und anti-göttlichen Einstellungen." Vor diesem „Jüngsten Gericht" sollte jeder bewahrt bleiben. Es ist nie zu spät, sein Leben nach Gottes Maßstäben neu auszurichten.

3.

Die Ehe

Sie ist die einzige soziale Struktur, die als Einrichtung Gottes für die Menschen von Beginn der Schöpfung an bis heute unverändert besteht. Immer wieder hat es menschliche Eingriffe (wie die Polygamie/„Vielweiberei" im Alten Testament) und Angriffe auf die Ehe (wie die moderne Gender-Ideologie) gegeben – dennoch entspricht unser Ehe-Ideal im 21. Jahrhundert noch genau dem Vorbild von Adam und Eva – eigentlich erstaunlich, da sich doch fast alles andere um uns herum permanent weiterentwickelt hat. Wir sollten die Ehe daher auch nicht nur als „Institution Gottes", sondern vielmehr als besonderes Geschenk des Schöpfers ansehen: Wir können das Präsent annehmen, aber auch liegen lassen; und manchen Singles wird es vielleicht nie unmittelbar angeboten. Wenn wir das Geschenkpaket aber öffnen, sollten wir nicht nachlässig oder gar grob, sondern sehr behutsam damit umgehen, weil es ein außerordentlich empfindliches und zerbrechliches Teil ist – so ähnlich wie der Wasserkrug, der laut Sprichwort so lange zum Brunnen geht, bis er bricht. Genau das müssen wir bei der Ehe vermeiden, zumindest wenn wir sie unter dem Blickwinkel Gottes sehen.

Herausforderungen in der Lebensmitte

Wie schon im ersten Kapitel erwähnt, werden die meisten Ehen in der Altersstufe zwischen 45 und 50 Jahren geschieden. Das zeigt allzu deutlich, welche Gefahren gerade in der Lebensmitte und danach meiner Ehe drohen. Die Angriffe kommen aus den verschiedensten Richtungen, man erkennt sie oft zu Anfang nicht, weil es schleichende Entwicklungen sind. So z. B. die über Jahre zunehmende Inanspruchnahme im Beruf (häufig bei beiden Ehepartnern) oder in der Familie (u. a. die wachsende Kinderzahl und pflegebedürftige Eltern, oft eine besondere Belastung für die Ehefrau). Die Alltagspflichten verschlingen immer mehr Zeit und Kraft; für den Partner und für die Pflege der Ehe bleibt kaum etwas übrig. Abends sinkt jeder für sich erschöpft ins Bett, ohne dass man die wichtigsten Dinge miteinander besprochen hat. Erst recht bleibt keine Zeit mehr für die romantischen Augenblicke, die die ersten Ehejahre so sehr bereichert hatten. Jeder funktioniert neben dem anderen her, und schließlich haben wir uns Schritt für Schritt auseinandergelebt, ohne es zu merken. Dass dabei auch die Gefühle der Zuneigung und Erotik auf der Strecke bleiben, ist durchaus verständlich. Die schönste Gartenblume, die nicht gepflegt und begossen wird, stirbt ab oder verkümmert in der trockenen Sommerhitze.

Wie im Nutzgarten gibt es auch für die Ehe zahlreiche Schädlinge, die sowohl von innen als auch von außen den Bestand der Ehe stören können. Jeder Partner bringt eine Persönlichkeit und seine eigene Vergangenheit mit, und überall lauert Konfliktpotenzial. Da ist der Zwanghafte, der mit seinen permanenten Fragen und seiner Kontrollsucht die Ehe vor eine Zerreißprobe stellt. Ein sexueller Missbrauch in der Jugend kann die Psyche und die Sexualität bis in die Wechseljahre hinein nachhaltig belasten und somit auch die Ehe gefährden. Alkoholprobleme oder kleine Charakterschwächen wie Rechthaberei, Geiz oder Unpünktlichkeit fallen besonders in den kritischen Phasen einer Ehe erschwerend ins Gewicht, hinzu kommt das Aufbrechen alter, unbereinigter Konflikte oder die schwere Krankheit des Partners. So neigt sich in der Lebensmitte die Waagschale mit dem Ehe-Frust immer tiefer, und der letzte Hauch von Ehe-Lust löst sich in Wohlgefallen auf.

Sowohl Männer als auch Frauen haben sehr unterschiedliche sexuelle Bedürfnisse, die ein junges Ehepaar in der Anfangszeit seiner Liebe und mit genügend Zeit und Verständnis noch ausreichend kompensieren kann. Aber wenn die Belastungen der mittleren Jahre kommen, reicht die Energie dafür nicht mehr aus. Da kann bei dem einen die sexuelle Lust völlig verschwinden und zum Problem für die Ehe werden oder bei dem anderen das sexuelle Verlangen so groß sein, dass er oder sie (oft angeregt durch unsere sexualisierten Medien) eine Ersatzbefriedigung sucht. Das anonyme und kostenfreie Pornografie-Angebot im Internet stellt besonders für Männer eine große Versuchung dar; und viele, die es nur mal ausprobiert haben, kommen nicht mehr davon los. Die Hemmschwelle zu den Bordellen und ähnlichen Einrichtungen ist da schon größer. Bevor jemand in derartige Fallen hineintappt, sollte er fachkundige und seelsorgerliche Hilfe in Anspruch nehmen.

Ungemach droht in dieser Situation auch noch von anderer Seite. Das sind Menschen im Umfeld, zu denen ich mich hingezogen fühle, weil sie einfach mehr Zeit und scheinbar mehr Verständnis als mein Ehepartner aufbringen, manchmal auch attraktiver sind. Das kann am Arbeitsplatz, in der Nachbarschaft, in der Gemeinde oder im Bekanntenkreis sein: Überall lauert der Widersacher Gottes, der uns dieses wertvolle Ehegeschenk des Schöpfers madig machen will. Allzu schnell wird aus einer flüchtigen Bekanntschaft und einem Austausch über private Dinge ein Liebesverhältnis. Ist erst einmal der Funke übergesprungen, lässt sich das angezündete Feuer kaum noch löschen. Ein Flächenbrand mit verheerenden Auswirkungen entsteht: Die anfangs mustergültige Ehe zerbricht, Kinder erleiden seelische Schäden, Freundschaften lösen sich auf, ursprüngliche Pläne und manchmal ganze Existenzen werden vernichtet. Die zahllosen anderen Ursachen, Probleme und Folgen einer zerstörten Ehe können hier nicht weiter erörtert werden. Dafür gibt es eine umfangreiche Eheberatungs-Literatur.

Was sagt die Bibel?

Leider schweigt Gottes Wort zu den Problemen und Herausforderungen, welche eine Ehe speziell in der Lebensmitte belasten und gefährden können. Aber die Bibel gibt uns an vielen Stellen grundsätzliche Hinweise für unsere Ehe, die immer gültig sind, bei Jung und Alt. Gottes Gedanken sind eben zu jeder Zeit aktuell, auch wenn wir schon 25 oder 30 oder gar 50 Jahre Ehe hinter uns haben. Soweit ich es beurteilen kann, sind dies die vier wichtigsten biblischen Grundsätze, die Gott uns zum Schutz und Gelingen der Ehe gegeben hat:

1. Die nach Gottes Plan unauflösbare Einheit der Ehe:
   „Aus diesem Grund verlässt ein Mann seinen Vater und seine Mutter, verbindet sich mit seiner Frau und wird völlig eins mit ihr.“ (1Mo 2,24)

   „Sie sind also nicht mehr zwei, sondern eins. Und was Gott so zusammengefügt hat, sollen Menschen nicht scheiden!“ (Mt 19,6)

2. Ihr Männer, liebt eure Frauen:
   „So sind auch die Männer verpflichtet, ihre Frauen zu lieben wie ihren eigenen Körper. Wer seine Frau liebt, liebt sich selbst." (Eph 5,28)

3. Ihr Frauen, vertraut euch dem Schutz und der Fürsorge eurer Männer an:
   „Ihr Frauen, unterstellt euch euren Männern, so wie ihr euch dem Herrn unterstellt." (Eph 5,22)

4. Die Warnung vor Ehebruch:
   „Wer aber Ehebruch begeht, hat seinen Verstand verloren. Nur wer sich selbst vernichten will, handelt so." (Spr 6,32; NGÜ)

Auch in der Lebensmitte und mit langer Ehe-Erfahrung tun wir gut daran, diese klaren Aussagen aus Gottes Wort zu beachten. Besonders wenn nach Jahren eine gewisse Ehe-Müdigkeit oder gar ein Ehe-Frust eingetreten ist, besteht die Gefahr, die hier gesteckten Grenzlinien zu überschreiten. Mir ist bewusst, dass es besonders bei der Scheidungs-Frage immer wieder schwierige und belastende Ehe-Situationen gibt, bei denen wir seelsorgerliche Wege finden müssen und manchmal gegen Gottes gute Gebote handeln. Aber wir dürfen nie leichtfertig damit umgehen. Entgegen dem Trend unserer Zeit sollte eine Ehescheidung immer die Ausnahme sein, niemals die Regel. Das war schon zur Zeit von Mose so. Jesus selbst erklärt uns den Hintergrund:

> *Jesus erwiderte: „Nur, weil ihr so harte Herzen habt, hat Mose euch erlaubt, eure Frauen wegzuschicken. Von Anfang an ist das aber nicht so gewesen." (Mt 19,8)*

Auch treue Diener und Dienerinnen Gottes hatten Eheprobleme, die erst nach vielen Jahren, also in der Lebensmitte, auftraten:

Bei **Abraham und Sara** machten sich die Kinderlosigkeit und das Warten auf den von Gott verheißenen Nachkommen schmerzlich bemerkbar, als sie offensichtlich die biologische Grenze ihrer fruchtbaren Ehejahre überschritten hatten. Ehefrau Sara war pragmatisch veranlagt, überwand ihre emotionalen Hemmungen und schlug ihrem Ehemann Abraham einen Deal vor: „Nimm meine Magd Hagar zur Frau und zeuge mit ihr Nachkommen, das ist dann so, als ob du von mir ein Kind bekämst. Bei mir ist ja doch nichts mehr zu erwarten." Abraham ließ sich auf die Sache ein, und so wurde aus seiner ursprünglich monogamen Ehe eine Bigamie: ein Mann mit zwei Frauen. Das Ganze hatte aber einen Haken: Gott konnte nicht seinen Segen dazu geben, sie hatten den Plan ohne ihn gemacht. Da ließen dann die Probleme nicht lange auf sich warten: Die Magd Hagar war jetzt etwas Besseres und begehrte gegen ihre Herrin auf. Es gab Streit, und Hagar verließ hochschwanger das Anwesen, wurde aber dann doch wieder ins Haus aufgenommen, wo sie Ismael gebar. Erst 14 Jahre später bekam Sara durch Gottes Eingreifen endlich den ersehnten Sohn Isaak. Wieder gab es Konflikte in der Familie, sodass Hagar und Ismael auf Gottes Geheiß endgültig fortgeschickt wurden.

In der nächsten Generation, bei **Isaak und Rebekka,** war zwar keine weitere Frau im Spiel, dennoch blieb auch diese Ehe nicht ohne Sorgen. Der Beginn allerdings war „traumhaft": Isaak als reicher Erbe bekam eine anerkannte Schönheit zur Frau (Rebekka heißt übersetzt: die Fesselnde, Anziehende, Attraktive). Isaak liebte sie von Herzen; sogar nach etlichen Ehejahren schmuste er noch mit ihr in aller Öffentlichkeit (1Mo 26,8). Nur an einem Punkt hatten beide ihre Schwierigkeiten, und das war die Kommunikation. Sie besprachen alle Sorgen mit Gott (das war ja sehr gut!), aber nicht mit ihrem Partner. Als dann die Zwillinge Esau und Jakob heranwuchsen, suchte sich jeder von ihnen einen der Söhne als „Ersatzpartner". Der Höhepunkt der ganzen Entwicklung war schließlich der schlitzohrige (hinterhältige) Erbschaftsbetrug durch Jakob und Rebekka, der zum Zerbruch der Familie führte. Bezeichnend ist, dass wir in der Bibel nach der Flucht Jakobs kein Wort mehr von Rebekka lesen: Ihre Ehe, ihr Leben und ihr Sterben bleiben im Dunkeln. Wirklich traurig, dass eine glücklich begonnene Ehe in der zweiten Lebenshälfte so endete.

Beim Sohn **Jakob** lief ebenfalls nicht alles glatt: **Rahel,** seine große Liebe, bekam er erst dann zur Frau, als er sich nach den Gepflogenheiten des Landes auch über die ältere Schwester **Lea** erbarmte. Er hatte also zwei Frauen „am Hals", später sogar vier, als die beiden Mägde Bilha und Silpa in die Kinderwünsche der Frauen einbezogen wurden. Heutzutage ist es unvorstellbar, dass eine Ehefrau ihrem Mann die Haushaltshilfe als „Leihmutter" zur Verfügung stellt, um ihre Ehe mit Kindern zu bereichern. Zur damaligen Zeit scheint es so üblich gewesen zu sein. Die Zustimmung Gottes zu diesem Verhalten suchen wir vergebens, er hat es offenbar stillschweigend geduldet. Allerdings hat es mit mehreren Frauen auch immer mehrere Probleme gegeben. Das hat sich bis heute nicht geändert.

Sehr erstaunlich ist, dass viele Männer der Bibel eine Ehe mit mehr als einer Frau führten, obwohl Gott das in der

Schöpfungsordnung anders vorgesehen hatte (s. o.): **ein** Mann, **eine** Frau, **eine** Einheit! Zu dieser Grenzüberschreitung, der Polygamie, schweigt die Bibel. Gott hat nichts dazu gesagt, es aber auch nie gutgeheißen. Neben Abraham, Jakob und Esau hatten auch Gideon, Elkana (der Vater Samuels), David, Salomo und die späteren Könige mehrere Frauen. Warum Gott nichts dazu sagte, kann man nicht sicher beantworten.

Bei den Königen war ein gut gefüllter Harem wahrscheinlich eine Prestigefrage. Den Höhepunkt erreichte wohl **Salomo** mit seinen 700 Hauptfrauen und 300 Nebenfrauen. Dass da irgendeine echte Liebesbeziehung bestanden hat, kann ich mir kaum vorstellen. Und bei Salomo beobachtet man fast eine mathematische Gesetzmäßigkeit: je mehr fremde Frauen, desto mehr Probleme und Glaubenskrisen.

Bei dem „normalen", gut situierten Bürger der damaligen Völker kann ein Grund für die Polygamie darin bestanden haben, dass die unverheirateten Frauen keine soziale Absicherung besaßen, sondern meist mittellos blieben. Um versorgt zu sein, mussten sie heiraten oder als Verwandte in einer Großfamilie aufgenommen werden. Sonst blieb ihnen nur noch die Prostitution oder die Sklaverei. Durch die zahlreichen kriegerischen Auseinandersetzungen gab es wahrscheinlich auch weniger Männer und einen gewissen Frauenüberschuss. Da hat Gott vielleicht diese Notlösung der „Vielweiberei" (ein schreckliches Wort!) zugelassen, um den Frauen Schlimmeres zu ersparen.

Schon zur Zeit des Neuen Testamentes und in der noch jungen christlichen Gemeinde scheint die Polygamie nicht mehr üblich gewesen zu sein. Um den Dienst eines Ältesten oder eines Diakons auszuüben, gibt es die klare Anweisung und

Voraussetzung, Mann nur **einer** Frau zu sein (1Tim 3,2.12). Im ganzen Neuen Testament finden wir im christlichen Umfeld keinen einzigen Mann, der zwei oder mehr Frauen gehabt hätte; und immer, wenn in den Evangelien oder den Briefen von der Ehe die Rede ist, wird die Ehefrau nur in der Einzahl erwähnt. Das sind eindeutige Hinweise dafür, dass die Ehe wieder zu dem ursprünglichen Entwurf Gottes zurückgekehrt war. Bis heute hat sich daran nichts Grundsätzliches geändert.

Ich habe diese Zusammenhänge etwas ausführlicher dargestellt, weil ich in einzelnen Fällen von Christen gehört hatte, die ihre außerehelichen Beziehungen (eine Gefahr für Männer in der Lebensmitte!) mit den alttestamentlichen Gepflogenheiten der Polygamie begründeten.

Was kann ich tun?

Die Frage ist berechtigt: Was kann ich tun, um den zahlreichen Gefahren zu begegnen, die meine bzw. unsere Ehe bedrohen?

Zunächst, auch wenn es langweilig oder selbstverständlich ist, noch einmal der Hinweis darauf, dass die Beachtung von Gottes Ehegrundsätzen (s. o.) das wichtigste Fundament darstellt, um eine gesunde und stabile Ehe aufzubauen und zu erhalten. Wenn wir uns der erwähnten Gefahren bewusst sind, haben wir schon einen wichtigen Schritt getan, nach dem Prinzip: „Gefahr erkannt, Gefahr gebannt.“ Wir sollten es zu einem Gebetsanliegen machen. Neben der Liebe zueinander und der wechselseitigen Unterstützung gibt es dann noch zahlreiche weitere Möglichkeiten, etwas Positives und Konstruktives zur Stabilität und Verschönerung der Ehe beizutragen.

Im Zenit des Lebens und in der Orientierungsphase danach kommt sehr oft die Pflege der Ehe zu kurz. Mir ging es – wie oben kurz erwähnt – in dieser Zeit genauso: ein anspruchsvoller Beruf, dazu einige Ehrenämter und viele Termine, kaum aktive Zeiten zu Hause. Meine Frau habe ich regelrecht vernachlässigt, und sie hat dabei noch sehr viel Verständnis für mich gehabt: Gott sei Dank! Ich spürte selbst: Mir fehlt etwas Entscheidendes, bis ich eines Tages merkte, was es war. Ich fasste einen festen Willensentschluss: Ich will meine Frau von ganzem Herzen lieben und es ihr auch zeigen! Das war und ist übrigens keine große Schwierigkeit: Es fällt leicht, sie lieb zu haben. Das Erstaunliche trat schon nach wenigen Tagen ein: Die früheren Gefühle tiefer Zuneigung wurden wieder lebendig und haben bis heute nicht nachgelassen. Eine sehr gute Erfahrung! Ich kann also jedem nur den Rat geben: Behalten Sie Ihre Ehe im Auge, pflegen Sie sie und die Zuneigung zu Ihrem Partner. Schließlich wollen Sie mit ihm oder ihr noch einige wertvolle Jahre verbringen. Auch Zärtlichkeiten gehören dazu, selbst wenn in einigen Fällen die erfüllte Sexualität der jungen Erwachsenenjahre nicht mehr möglich ist: Die gegenseitige Liebe braucht darunter nicht zu leiden! Mittlerweile gibt es kaum etwas Schöneres, als morgens gemeinsam aufzustehen und den Tag ganz in Ruhe bei einem leckeren Frühstück in unserer gemütlichen Wohnung zu beginnen. Wie gut, dass wir einander haben: einer der vielen Gründe für die tiefe Dankbarkeit gegenüber unserem Vater im Himmel.

Es gibt noch weitere Erfahrungen, die zum Glück von Senioren-Paaren beitragen – als Grundlage, aber auch als Auswirkung einer tiefgründigen gegenseitigen Liebe. Eigentlich sind es recht einfache, alltägliche Verhaltensweisen, die wir schon in der Jugend gelernt haben. Hier einige Beispiele:

- Höflichkeit und Hilfsbereitschaft im Alltag (wie bei einem Ehrengast)
  Sie begrüßt ihn morgens mit einem Kuss, sorgt für seine Medikamente, kocht ihm mittags das Lieblingsgericht ...
  Er nimmt sie dafür zärtlich in die Arme, hilft ihr in den Mantel, hält ihr die Tür auf, bereitet morgens das Frühstück vor ...

- Aufmerksamkeiten und Komplimente
  Ein Strauß Blumen zwischendurch. „Du siehst heute aber gut aus!" Die neue Auto-Zeitschrift. „Wie sportlich du noch bist ...!" Der liebevolle Blick. Eine lange Umarmung: „Mein Schatz, ich liebe dich!"

- gemeinsame Aufgaben und Interessen
  Ganz wichtig: Beschäftigung mit den Enkeln, Kontakte zu den Kindern. Zusätzlich z. B. aktive Beteiligung an der Seniorenarbeit oder am Besuchsdienst der Gemeinde; Konzerte, Kulturveranstaltungen, Fahrradtouren, der eigene Garten usw. – die Reihe ließe sich beliebig fortsetzen, der Fantasie sind keine Grenzen gesetzt, deshalb zuletzt:

- eigene Ideen, auf die persönlichen Verhältnisse zugeschnitten

Allerdings sollte bei allen Gemeinsamkeiten jeder seinen Freiraum, seine Rückzugsmöglichkeit behalten. Trotzdem ist es hilfreich, wenn wir als Ehepaar den Tag gemeinsam beschließen, z. B. mit einem Austausch über die Ereignisse des Tages, einer kurzen Andacht und dem Gebet, das den verflossenen Tag zurücklegt in Gottes Hände.

4.
Die Sexualität jenseits der Lebensmitte

Ein heikles Kapitel, das früher in christlichen Büchern oft ausgespart wurde, allerdings ganz ohne Grund. Denn unsere Sexualität ist von Geburt an bis zu unserem Sterben eine wertvolle Gabe des Schöpfers. Sie wird nur von vielen Menschen und vor allem vom Widersacher Gottes missbraucht und ist deswegen in Misskredit geraten. Im Schöpfungsbericht heißt es wörtlich:

> *Da schuf Gott den Menschen nach seinem Bild, er schuf ihn als sein Ebenbild,* ***als Mann und Frau schuf er sie.*** *... Gott sah alles an, was er gemacht hatte: Es war tatsächlich sehr gut. (1Mo 1,27.31a)*

Die genaue Bedeutung des Textes ist, dass Gott den Mann mit seiner männlichen und die Frau mit ihrer weiblichen Sexualität geschaffen hat, und sein Urteil (auch über die Sexualität!) lautete: „Es war sehr gut!" Dem ist nichts hinzuzufügen. Wenn wir genau hinsehen und weiterlesen, verbindet der Schöpfer diese Feststellung mit dem Segen (nicht mit dem Auftrag!) der Fortpflanzung. Und später lesen wir in der Bibel, dass Gott uns mit der Sexualität auch ein Geschenk gemacht hat, das unserer Freude dienen soll, sogar bis ins Alter:

Deine Quelle sei gesegnet! Freue dich an der Frau deiner Jugend! Die liebreizende Gazelle, das anmutige Reh – ihre Brüste sollen dich immer berauschen, ihre Liebe bezaubere dich wieder und wieder! (Spr 5,18-19)

Diese Bildersprache des Orients muss näher erklärt werden: Mit der Quelle ist die Ehefrau gemeint, die man in jungen Jahren geheiratet hat. Die liebreizende Gazelle und das anmutige Reh sind Koseworte, die wir heute nicht mehr gebrauchen (ich würde meine Frau jedenfalls nicht so nennen). Man sagt vielmehr „mein süßes Mäuschen" oder „mein Schatz". Trotz dieser etwas ungewohnten Bibelsprache lesen wir hier deutlich die Aufforderung, uns als Ehepaar an der Sexualität zu erfreuen, auch wenn wir älter geworden sind.

In der Realität sieht das allerdings oft anders aus, und das hängt meist mit unserer Prägung und den persönlichen Erfahrungen auf diesem Gebiet zusammen. Manche in der älteren Generation haben noch gelernt, Sexualität sei etwas Schmutziges – wie gut, dass man diesen Schmutz dann im Alter nicht mehr braucht. Für manche Frau und wenige Männer ist das Liebesspiel auch eine Sache, die man halt erduldet und hinter sich bringt. Echte Freude kommt bei einigen nicht auf, weil sie die Lust daran früher nie zugelassen oder gelernt haben; und sie sind dann froh, dass sie mit 60 oder 65 in Ruhe gelassen werden. Andere wieder leben mit der Vorstellung, dass Sexualität ausschließlich an den jungen, attraktiven Körper gebunden sei; die äußeren Alterserscheinungen bremsen das Verlangen. Und wenn dann noch Krankheiten oder Operationen dazu kommen, brauchen wir erst recht nicht mehr über Sex zu reden.

Daraus wird schon deutlich: So wie jeder Mensch ein einzigartiges Individuum ist, so verschieden und individuell ist auch das

Sexualempfinden und -verhalten der Menschen. Dennoch gelten die Aussagen der Bibel generell für alle, und wir tun gut daran, die Sexualität (auch im Alter) aus der Schmuddelecke herauszuholen und ihr wieder den Platz einzuräumen, der von Gott für sie vorgesehen ist. Wir sollen die Senioren nicht verurteilen oder schief ansehen, die ihre Freude daran haben, und dürfen genauso mit Verständnis denen begegnen, die auch ohne körperliche Liebe glücklich sind. Allerdings ist das kein öffentliches Gesprächsthema, denn immerhin handelt es sich um sehr intime, persönliche Dinge. Darüber spricht man nicht bei den Mahlzeiten oder in der großen Gruppe oder beim Friseur, höchstens einmal mit dem engsten Freund bzw. mit der Freundin. Aber mit meinem Partner muss ich mich unbedingt austauschen, denn uns beide geht es schließlich direkt an. Leider haben besonders wir Männer bei der Sexualität mit Sprachlosigkeit zu kämpfen. Ich habe die Erfahrung gemacht, dass Frauen in der Ehe damit offener umgehen. Ich kann nur allen Ehepaaren Mut machen, in einer ruhigen Minute das Thema anzuschneiden und offen und ehrlich darüber zu reden: Das Vertrauen zueinander wird gestärkt und das gemeinsame Leben bereichert, ganz gleich, wie das Ergebnis des Gesprächs aussieht.

Und wenn es dann an irgendeiner Stelle noch Handlungsbedarf gibt, kann man oder „frau“ sich auch vertraulich an den Hausarzt oder Facharzt wenden (z. B. bei Wechseljahresbeschwerden, bei trockenen Schleimhäuten der Frau, bei Erektionsstörungen des Mannes oder anderen Krankheitsfolgen). Medizinische Behandlungen, Hilfen und Ratschläge sind bei vielen Beschwerden möglich.

Was die Frau beschäftigt

Die Wechseljahre sind ein Einschnitt im Leben der Frau – entweder positiv oder negativ: Endlich keine lästige Monatsblutung mehr und keine unterschwellige Furcht vor einer Schwangerschaft; das Zusammensein mit meinem Mann kann ich jetzt unbeschwert genießen! Oder: Jetzt bin ich keine richtige Frau mehr, ich werde nie mehr Kinder bekommen können, ich werde wohl auch keine Lust mehr empfinden, wenn ich mit meinem Mann schlafe; ob ich mal mit ihm darüber sprechen sollte? Ich werde immer älter und hässlicher: die Falten im Gesicht, der Bauchspeck, die schlaffe Brust, die Krampfadern – das macht mich ganz und gar unattraktiv, auch für meinen Mann. Der sucht sich früher oder später wahrscheinlich eine Jüngere. Solche Selbstzweifel nagen an der Persönlichkeit und tragen mit dazu bei, dass sich aus den Stimmungsschwankungen der Wechseljahre eine handfeste Depression entwickeln kann; und diese Krankheit wirkt erst recht als Spaßbremse für die Sexualität. Auch andere Erkrankungen wie z. B. ein künstliches Hüftgelenk oder *Diabetes mellitus* oder starkes Übergewicht können das sexuelle Empfinden fast auf den Nullpunkt drücken. Wenn eine Frau das alles mit sich allein ausmachen muss, ist sie davon deutlich mehr belastet, als wenn sie offen mit ihrem Ehemann darüber reden kann.

Was den Mann antreibt

Trotz nachlassender sexueller Aktivität leben Männer nicht im „luftleeren Raum". Zahlreiche Faktoren beeinflussen ihre Sexualität. Der „Vollrausch der Hormone" aus jungen Jahren ist zwar vorüber, aber es gibt immer noch ein sexuelles Spannungsfeld, das von der Erziehung in der Kindheit über erste sexuelle Erfahrungen in der Jugend bis zum eigenen Eheleben reicht. Der Testosteron-Spiegel im Alter und die persönliche Werteorientierung spielen dabei eine Rolle. Von außen werden wir fast pausenlos bombardiert mit sexuellen Reizen – sei es in der Werbung, im Internet oder im Abendprogramm des Fernsehens. Die meisten Männer haben bei sich selbst schon bemerkt, wie leicht sie auf diese sexualisierte Umwelt reagieren. Und wenn dann noch pornografische Angebote auftauchen, bekommt auch „der Alte" mit 70 noch feuchte Augen und ein Verlangen nach mehr ... Was viele Frauen eher abstößt, kann Männer sexuell stark anregen, aber auf eine sehr einseitige und negative Weise. Also bitte wachsam sein, auch im Alter!

Noch etwas bleibt bei Männern meist ein Leben lang erhalten: Unbewusst suchen sie – im Gegensatz zur Frau – mehr die aktuelle Befriedigung des körperlich-sexuellen Verlangens und weniger die langfristige emotionale Geborgenheit. Dafür leiden sie stärker unter Entzugserscheinungen, wenn diese Befriedigung über längere Zeit nicht möglich ist (z. B. bei Krankheit oder Verlust der Partnerin).

Wenn wir älter werden

Wie schon erwähnt ist die sexuelle Aktivität der Senioren von Fall zu Fall sehr unterschiedlich. Es gibt 50-Jährige, die aus verschiedenen Gründen ganz auf Sex verzichten und denen es auch nicht schwerfällt. Und es gibt Paare, die mit 80 noch ihre Freude am gemeinsamen Liebesspiel haben. Rein statistisch gesehen lassen die sexuellen Bedürfnisse im Laufe der Jahre nach. Eine aktuelle Befragung von Senioren-Paaren zeigt, dass in der Altersgruppe zwischen 50 und 60 Jahren noch 89 % der Männer und 85,6 % der Frauen sexuell aktiv sind, bei den über 80-Jährigen fällt dann der Anteil auf 30,8 % bei den Männern und 25 % bei den Frauen. Wer in jungen Jahren sexuell aktiver war, bleibt es meist auch in späteren Jahren. Immerhin – diese Zahlen liegen deutlich höher, als ursprünglich zu erwarten war. Und sie bedeuten auch, dass ausgelebte Sexualität im Alter nichts „Unnormales", sondern etwas ganz Natürliches ist. Die Bibel gibt uns bei diesen Überlegungen recht: Zacharias und Elisabeth haben auch im vorgerückten Alter noch Geschlechtsverkehr und erwarten dann ihren Sohn Johannes (Lk 1); und im Alten Testament ist die 89-jährige Sara selbst überrascht, dass sie als alte Frau noch sexuelle Sinnlichkeit erleben kann. Als ihr die Geburt ihres Sohnes vorausgesagt wird, meint sie ganz ungläubig: *„Jetzt, wo ich verwelkt bin, soll ich noch Liebeslust haben?"* (1Mo 18,12). Offensichtlich hat sie diese Lust erlebt, es hat bei ihr funktioniert, denn knapp ein Jahr später wurde Isaak geboren.

Ein Geschenk für die späten Jahre

Wir dürfen uns also als Senioren-Ehepaar durchaus über die Sexualität als wertvolles Geschenk Gottes freuen. Wir dürfen sie genießen, unser Zusammensein damit bereichern und einer alten Liebe immer wieder neuen Schwung verleihen. Andererseits besteht keinerlei Leistungsdruck. Ich muss meinem Partner/meiner Partnerin nicht mehr beweisen, wie gut ich im Bett bin, und die angebliche Potenz meiner Altersgenossen am Stammtisch kann ich getrost vergessen. Viel wichtiger ist, dass ich mit ihr bzw. mit ihm darüber spreche. Ich kann sie nach ihren Bedürfnissen und Vorlieben fragen, und ich kann ihr sagen, was ich mir wünsche, was mir gefällt und was mir vielleicht nicht mehr möglich ist. Wenn es uns gelingt, über unsere Gefühle zu reden, dann haben wir mehr zur Vertiefung unserer Beziehung beigetragen als durch eine stürmische Nacht im Bett. Überhaupt gehören die leidenschaftlichen Begegnungen in die Zeit der jungen Jahre. Jetzt im Alter liegt die Betonung viel mehr auf Zärtlichkeit, Nähe und Vertrautheit. Wir müssen uns von dem Gedanken lösen, dass sich Liebe und Sinnlichkeit allein durch Geschlechtsverkehr ausdrücken lassen. Die liebevolle Massage, das Streicheln, die Zeit füreinander und das gegenseitige Berühren sind mindestens genauso wertvoll. Damit zeige ich meinem Gegenüber, dass meine Zuneigung unverändert oder sogar inniger geworden ist, trotz Altersflecken, faltiger Haut und Jahresringen. Solche körperlichen Begegnungen helfen jedem von uns beiden, die äußeren Alterserscheinungen wertfrei und ohne Scham anzunehmen. Denn diese Veränderungen gehören ja zu dem Menschen, den ich über viele Jahre lieben und schätzen gelernt habe.

Erfüllte Sexualität gibt es demnach auch in der letzten Lebensphase, und das Erstaunliche daran ist: Die Zufriedenheit mit dem eigenen Sexualleben nimmt mit dem Alter zu, und nicht ab (auch wenn die Aktivität sich verringert, s. o.). Bei Paar-Untersuchungen an den Universitäten Rostock, Leipzig und Heidelberg äußerten sich 57 % der 63-Jährigen und sogar 70 % der 75-Jährigen zufrieden mit ihrer Sexualität. Den meisten älter werdenden Paaren scheint es also zu gelingen, ihre Ansprüche und Vorstellungen von sexueller Sinnlichkeit dem Alter und den auftretenden Krankheiten anzupassen.

Wer sich in den reiferen Jahren sexuell betätigt, wird auf verschiedene Weise belohnt, wie zahlreiche Studien belegen:

- Angeblich produziert der Körper dann mehr Glückshormone, die uns bei der Entspannung und beim Abbau von Aggressionen helfen sollen,
- das Immunsystem wird gestärkt,
- man (und frau) kann besser schlafen,
- die kognitiven Fähigkeiten bleiben länger erhalten,
- bei älteren Frauen sinkt sogar das Risiko für kardiovaskuläre Erkrankungen.

Ehe ohne Sex

Es gibt allerdings auch Paare, bei denen sexuelle Aktivitäten gar nicht mehr vorkommen. Möglicherweise hat keiner der beiden mehr Freude daran. Ob durch stille Übereinkunft oder nach langer Diskussion: Beide sind sich einig, dass sie „das" nicht mehr brauchen und sich auch „ohne" noch lieben – ein durchaus gangbarer Weg. Es kann sein, dass bei einem Partner durch Krankheit oder Operation kein Geschlechtsverkehr mehr möglich ist, und der andere verzichtet seinem Partner zuliebe ebenfalls darauf. Sehr wichtig ist, als Paar darüber zu reden und gegenseitig Verständnis aufzubringen. Sonst kann es schnell zu Spannungen, Unzufriedenheiten, sogar zu Depressionen kommen. Erfahrungsgemäß haben wir Männer mehr Probleme damit, unseren Mund aufzubekommen. Wir reden nicht und müssen uns von unserer Partnerin „Nachhilfe" in dieser Art der Kommunikation geben lassen. Die gegenseitige Liebe können und sollen wir uns trotzdem immer wieder zeigen: durch einen Kuss, durch Gesten, durch Worte oder durch die oben beschriebenen Möglichkeiten körperlicher Nähe. Wie gut, wenn wir in dieser Lebensphase zusammenhalten, uns einig sind und bewusst einen gemeinsamen Weg gehen! Diese Art der einfühlsamen und verständnisvollen Liebe ist sogar ein Privileg des Alters, unser Leben wird dadurch ungemein bereichert.

Sex ohne Partner?

Was ist aber, wenn der Ehepartner fehlt? Er ist verstorben, oder ich bin geschieden. Das Alleinsein ist nicht einfach. Schon Kurt Tucholsky hat gesagt: „Das ist schwer: ein Leben zu zwein. Nur eins ist noch schwerer: einsam sein!“ Viele Männer (jüngere *und* ältere!) und Frauen leiden unter dem Verlust des Partners. Ihnen fehlt neben manchem anderen vor allem die erfüllte Sexualität. Das wird in vertraulichen Gesprächen immer wieder deutlich. Einige können komplett darauf verzichten, andere wieder halten die sexuellen Spannungen und Entzugssymptome kaum aus. Früher oder später sucht „Mann“ sich ein Ventil: Bordell oder Zufallsbekanntschaften sind für den, der als Christ leben möchte, keine Alternativen.

Selbstbefriedigung ist ebenfalls keine Alternative. Sie wird zwar in der Bibel nicht direkt erwähnt, allerdings erfüllt sie auch nicht den von Gott für die Sexualität vorgesehenen Sinn, der sich ausschließlich auf die Ehe bezieht und dort Ausdruck der Liebe zwischen den Eheleuten ist, die Einheit von Mann und Frau bezeugt und dem Auftrag zur Vermehrung dient. Darüber hinaus lehrte Jesus, dass der Missbrauch der Sexualität bereits in

Gedanken, also z. B. bei sexuellen Fantasien, beginnt. Wer nicht (mehr) verheiratet ist, kann seine Sexualität also nicht ausleben, wenn er sich an biblischen Maßstäben orientieren will. Er muss lernen, damit umzugehen, darf aber in jeder Situation mit der Hilfe und Kraft Gottes rechnen.

Der einzige Ausweg aus dem Dilemma sexueller Spannungen scheint die erneute Heirat zu sein. Doch sollte dies nicht die entscheidende Motivation für eine neue Ehe sein. Manche sind nach einer erneuten Heirat echt glücklich geworden. Aber es gibt auch negative Erfahrungen, vor allem, wenn man „im Rausch der Hormone" eine voreilige Entscheidung getroffen hat, ohne nachzudenken, oder wenn man einfach nur der Einsamkeit entfliehen wollte. „Drum prüfe, wer sich ewig bindet ..." – das gilt eben auch im Alter!

Was hält uns zusammen?

Bei dieser intensiven Beschäftigung mit dem Thema Sex und Sinnlichkeit sieht es so aus, als sei Sexualität auch im Alter noch das „Thema Nr. 1"; und viele glauben daher, dass Sex die Grundlage einer stabilen Ehe sei. Dabei tritt die Bedeutung von Sex in einer Ehe schon recht früh in den Hintergrund: Nach 25 Jahren Ehe sinkt die durchschnittliche Häufigkeit des Geschlechtsverkehrs von anfangs dreimal pro Woche auf dreimal pro Monat und weniger. Der Koitus ist offensichtlich nicht der Kitt der Ehe. Denn bei einer Umfrage unter mehreren hundert Ehepaaren (alle mindestens 25 Jahre verheiratet und zwischen 50 und 60 Jahre alt) gaben nur 4 % der Befragten an, dass Sex für sie eine wichtige Stütze der Partnerschaft sei. Dagegen meinten mehr als

33 %, dass die gegenseitige Annahme „in guten und in schlechten Tagen“ und eine positive gemeinsame Stressbewältigung ihre Ehe stabilisieren. Solche altmodischen Werte wie Akzeptanz, Wertschätzung und Zuneigung sind also wirklich bedeutsam. Oder sollte man hier gar den vieldeutigen Begriff „Liebe“ benutzen? Gewiss, die feurige und leidenschaftliche Liebe der ersten Jahre verglüht meist nach mehr oder weniger kurzer Zeit. Und wenn wir als Senioren in der letzten Lebensphase angekommen sind, dürfte keine Spur mehr von dieser ersten Liebe vorhanden sein.

Also alles erkaltet und vergessen? Leider trifft das bei einigen Paaren auch zu; sie haben sich mit ihrer Situation abgefunden und leben wie eine Zweckgemeinschaft nebeneinanderher; manche haben sich ganz auseinandergelebt und trennen sich im hohen Alter noch. Aber es muss nicht so sein, es gibt auch das erstrebenswerte Gegenteil: das verliebte alte Paar, Hand in Hand im Park oder bei der goldenen Hochzeit. Sie himmelt ihn an, und er drückt einen langen, dicken Kuss auf ihre faltigen Lippen. Wie lässt sich diese Liebe, die echte tiefe Zuneigung, bis ins hohe Alter erhalten? Sexuelle Aktivität kann nicht der Grund sein, wie die erwähnten Untersuchungen gezeigt haben. Es ist eher umgekehrt: Das sinnliche Erleben von erotischen Gefühlen ist nicht Ursache, sondern die Folge der gegenseitigen Annahme und Wertschätzung. Und dafür gibt es das recht einfache, bereits erwähnte Rezept: Liebe kann eine Willensentscheidung sein! Ich kann mich bewusst entschließen: „Ich will meinen Partner lieben, so wie er ist.“ Und ich kann mir die rationalen Argumente dafür ins Bewusstsein rufen:

- Schließlich habe ich ihn bei unseren ersten Begegnungen heiß und innig geliebt.

- Wenn ich genau hinsehe, erkenne ich immer noch die äußere Schönheit – und die innere Schönheit wird mir erst jetzt bewusst.
- Wie viele wertvolle und liebenswerte Eigenschaften hat er/sie!
- Wie viele schöne Erlebnisse verbinden uns miteinander!
- Wie unerschütterlich hat mein Partner in der schweren Zeit zu mir gestanden!
- Und dann gibt es auch noch unsere gemeinsamen Kinder und Enkel ...

Diese Willensentscheidung kann ich täglich neu treffen. Dann wird eine erstaunliche Wirkung eintreten: In meinem Herzen entstehen mehr und mehr warme Gefühle, ich sehe meinen Partner wieder mit anderen, neu verliebten Augen. Mit Gottes Hilfe kann das gelingen.

5.
Das Single-Dasein

Im Jahr 2021 gab es in Deutschland 22,7 Millionen Singles, das sind 27,3 % der erwachsenen Bevölkerung (83,3 Millionen), in den Großstädten mit bis zu 37,6 % Singles (in Berlin) deutlich mehr als auf dem Land.[1]

In vielen christlichen Großstadt-Gemeinden kann man davon ausgehen, dass etwa jedes dritte Mitglied ledig ist und allein lebt.[2]

Die verheirateten Christen (und dazu gehöre auch ich) haben diese Tatsache meist nicht so vor Augen. In unseren Gemeinden ist sehr vieles auf Ehepaare und Familien abgestimmt: Predigten, Seminare, Kinderfeste, Familiengottesdienste, Ehe-Vorbereitungskurse usw. Ich habe noch nie von einem „Single-Vorbereitungskurs" oder einem „Single-Gottesdienst" gehört, obwohl auch so etwas mal sinnvoll wäre. Umso wichtiger ist es, dass wir bei allen Gemeindeaktivitäten die Singles mitberücksichtigen und miteinbeziehen. Schließlich kann jeder von uns irgendwann (und in der zweiten Lebenshälfte wird es noch wahrscheinlicher) davon betroffen sein. Singles sind ja nicht nur die, die bewusst ihr ganzes Leben so gelebt und gestaltet haben, sondern auch alle Geschiedenen und Verwitweten, die (noch) nicht wieder verheiratet sind, und ebenso solche, die

1 https://de.statista.com/statistik/daten/studie/286810/umfrage/umfrage-in-deutschland-zur-anzahl-der-singles-nach-geschlecht/

2 https://www.evangelium21.net/media/987/vier-dinge-die-gott-singles-sagt

gern geheiratet hätten, aber nie einen Partner gefunden haben. Übrigens gilt nahezu alles, was ich in diesem Kapitel schreibe, für jede Form des Single-Daseins, ob nun eine bewusste Entscheidung dahintersteht oder mehr der unerfüllte Partnerwunsch oder eine Scheidung oder der Tod des Ehepartners. Alle haben sehr ähnliche Nöte und Herausforderungen. Und wo könnten sie besser aufgehoben sein als in einer Gemeinschaft von Christen? Es sollte für Kinder Gottes eigentlich selbstverständlich sein, den Singles mit besonders viel Bruderliebe und Verständnis zu begegnen. Leider sieht es im Gemeindealltag manchmal anders aus. Unbewusst kann das Urteil lauten: „Der oder die hat ja keinen Partner abbekommen, ist wohl bindungsunfähig, egoistisch oder unattraktiv, irgendetwas stimmt doch nicht!“ Und so fühlt sich ein Single dann wie das fünfte Rad am Wagen und führt das berüchtigte „Mauerblümchen-Dasein“: verkümmert still vor sich hin, wenn er oder sie nicht selbst die Initiative ergreift. Alleinstehende Menschen haben oft das Gefühl, „Mitglieder zweiter Klasse“ zu sein – und von manchen werden sie auch so behandelt wie ein Notstopfen: „Die ist doch Single, die hat abends nichts zu tun und könnte diese Arbeit gut übernehmen.“ – „Der hat doch sowieso oft Langeweile und braucht eine Beschäftigung.“ Und der bzw. die Betroffene denkt: „Na, dafür bin ich gut genug, aber beim Ehe-Abend mit Candlelight-Dinner werde ich nicht eingeladen.“ Wo die Wertschätzung und die Akzeptanz durch die Gemeinde fehlen, sinkt auch das eigene Selbstwertgefühl langsam, aber sicher auf den Nullpunkt.

Noch schwieriger ist es in vielen Gemeinden für Geschiedene. An ihnen haftet oft ein Leben lang der Makel des Versagens. Eine Ehescheidung ist schlimm genug für alle Betroffenen; sie ist auch von Gott nicht vorgesehen und meist mit irgendeinem schuldhaften Verhalten verbunden. Aber wie schnell legen wir bei dieser Art von Schuld unterschiedliche Maßstäbe an: Sünden anderer Art (Steuerbetrug, Pornografie, Lügen, sexuelle Verfehlungen usw.) werden schnell vergeben oder vergessen oder gar nicht erst bekannt, aber eine Scheidung haftet an dem Menschen wie ein dicker pechschwarzer Fleck, der sich nie mehr abwaschen lässt. Natürlich soll der Geschiedene, wo nötig, Buße über begangene Sünden tun, aber er braucht keinen moralisch erhobenen Zeigefinger, sondern – genauso wie jeder andere – Barmherzigkeit, seelsorgerliche Gespräche und Vergebungsbereitschaft. Schließlich sind wir alle begnadigte Sünder, die mit Schuld zu kämpfen haben. Wenn die Betroffenen schon in unseren Gemeinden nicht mit Bruderliebe oder Nächstenliebe aufgenommen werden, an welchen Orten sollten sie denn sonst innerlich wieder heil werden können?

Herausforderungen in der Lebensmitte

Damit wären wir schon mittendrin in der Single-Problematik der zweiten Lebenshälfte. Solche Sorgen haben nicht nur Geschiedene, sondern viele Alleinstehende, wenn sie älter werden. Als junger Mensch hat man oder „frau" meist noch mehr Elan, um sich um Kontakte und Lebensgestaltung zu kümmern; da gibt es noch Pläne und Hoffnungen. Aber mit 60, 70 oder 80 wird es zunehmend schwieriger, das Alleinsein zu gestalten, insbesondere wenn man den Verlust des Ehepartners verarbeiten muss. Auch nach dem Tod des Partners und einer längeren Trauerphase fällt es nicht leicht, sich wieder aktiv in das Gemeindeleben einzuschalten. Dann ist es Balsam für die Seele, wenn mitfühlende

Mitmenschen mich an die Hand nehmen und mir die Möglichkeit geben, wieder ein gern gesehenes, gleichwertiges Mitglied der Gemeinschaft zu werden.

Überhaupt drückt den älter werdenden Single womöglich die große Last der Einsamkeit, die er in früheren Jahren nicht so verspürt hat: Nach jeder Veranstaltung muss ich allein nach Hause gehen; schweigend betrete ich die dunkle Wohnung; da ist niemand, der mich erwartet; Abend für Abend werde ich auf Gesellschaft verzichten; ich habe keinen Ansprechpartner, der mir zuhört oder mit dem ich mich austauschen kann. Das alles sind die Symptome der Einsamkeit, die sich früher oder später beklemmend auf das Gemüt legen. Der Mensch ist eben ein Beziehungswesen, bei dem – je nach Veranlagung – diese Defizite mehr oder weniger stark ins Gewicht fallen. Fast automatisch tauchen dann die Fragen auf: Sollte ich nicht doch besser heiraten? Was ist, wenn ich krank und hilfsbedürftig werde? Wer sorgt später mal für mich? Habe ich das damals richtig entschieden, Single zu bleiben – oder ist mir ein entscheidender Fehler in der Lebensplanung unterlaufen? Meine Unsicherheit wächst, ich brauche irgendeinen Zuspruch, irgendeinen guten Rat!

Nicht so einfach ist auch die mit dem Alleinsein verbundene sexuelle Enthaltsamkeit. Vor allem wenn in stillen Stunden die Fantasie auf Reisen geht oder bei entsprechenden Filmen im Fernsehen das Verlangen geweckt wird, dann fällt es sehr schwer, kein geliebtes Gegenüber zu haben, das diese Gefühle erwidert. Auf die Gefahren der anonym angebotenen Pornografie im Internet habe ich in den früheren Kapiteln schon hingewiesen, ebenso auf die latenten Probleme der Selbstbefriedigung. Bordelle sind für bewusst lebende Christen ohnehin keine Lösung. Es bleibt also eine Spannung zurück, die ich mit Gottes Hilfe bewältigen muss. Ohne ihn und ohne die Beschäftigung mit der Person Jesus Christus werde ich als Single leicht Schiffbruch erleiden, aber die Arbeit und Ablenkung durch Aufgaben im Reich Gottes können mich auf andere, bessere Gedanken bringen und bei der Lösung des Problems helfen.

Eine weitere Belastung ergibt sich daraus, dass ich als Single für alle Bereiche des Lebens zuständig bin und nicht wie ein Verheirateter bestimmte Aufgaben delegieren kann. Der Single-Mann muss sich um Kochen, Putzen, Wäsche, Ordnung im Kleiderschrank und vieles mehr kümmern, was ihm so gar nicht liegt, während die Single-Frau mit dem Wechseln der Glühbirne, mit dem Online-Banking, dem WLAN-Router, dem bösen Nachbarn oder dem defekten Staubsauger ihre Probleme hat. Das sind natürlich nur Beispiele, die Schwierigkeiten können genauso gut andersherum auftreten.

Noch ein Punkt, der bei alleinstehenden Frauen in diesem Zusammenhang besonders ins Gewicht fällt: das Schutzbedürfnis. Auf einer dunklen nächtlichen Straße fühlt sich eine Frau im Allgemeinen viel unwohler als ein Mann; und in einem gemütlichen kleinen Haus am Waldrand, einsam, mitten in der Natur, da lebt vielleicht der romantisch veranlagte Single-Mann, aber eine Frau würde dort wohl kaum einziehen. An diesen Beispielen lässt sich der schöpfungsbedingte Unterschied zwischen Mann und Frau deutlich machen, auch wenn es sicher Ausnahmen davon gibt. Nicht umsonst fordert das Neue Testament die verheirateten Frauen mehrfach auf, sich den Männern „unterzuordnen“, was vielleicht zum besseren Verständnis so übertragen werden kann: „Vertraut euch dem Schutz eurer Männer an!“ Auf genau diesen Schutz muss die alleinstehende Frau oft verzichten. Single zu sein ist also nicht immer einfach.

Ein selbst erlebtes Beispiel

Eine kulturell sehr interessierte, intelligente Akademikerin hatte sich ein angenehmes Leben als Single gestaltet: Sie war eigenständig, ungebunden, mit gutem Einkommen, machte hochinteressante Studienreisen, sammelte wertvolle Kunstgegenstände und leistete sich eine teure Wohnung, die mehr einem Museum als einer Wohnlandschaft glich ... Rein äußerlich gesehen führte sie ein beneidenswertes Leben, bis die Wechseljahre kamen und mit ihnen eine depressive Verstimmung, die ihr das Alleinsein plötzlich dramatisch ins Bewusstsein rief. Sie spürte die Einsamkeit wie einen tiefen, bohrenden Schmerz, der ihre Depression immer weiter verschlimmerte. Einige Wochen Klinikaufenthalt brachten nur geringfügige Besserung. Sie war überzeugt, dass nur ein Ehepartner die schwere Wunde heilen könne. Aber sie hatte so hohe Ansprüche an diese Beziehung, dass kein Kandidat ihren Vorstellungen entsprach und die Frustration umso größer wurde. Schließlich heiratete sie in einer Art Kurzschlussreaktion einen stillen, zurückhaltenden Mann, der sich alle Mühe gab, für sie da zu sein.

Aber schon nach relativ kurzer Zeit bestand die Ehe nur noch aus Frust und Streit auf beiden Seiten. Das Ehepaar wechselte den Wohnort, machte Reisen, suchte Ablenkungen, wurde aber nie zufrieden oder glücklich, solange ich etwas von ihnen hörte, bis schließlich der Kontakt ganz abbrach. Bezeichnend ist noch die wütende Reaktion der Ehefrau, als ich sie darauf hinwies, dass auch ihr Leben mit Gottes Hilfe wieder in Ordnung kommen könnte. Sie schrie mich an: „Wenn Gott mir bisher nicht geholfen kann, wird er mir auch jetzt nicht helfen können!“ Damit rannte sie aus dem Sprechzimmer und knallte die Tür hinter sich zu. Traurig blieb ich zurück. Ihre Worte waren deutlich genug.

Was sagt die Bibel?

Da gibt es meines Wissens kein spezielles Kapitel oder einen besonderen Psalm für Singles, aber es gibt viele Beispiele und sogar recht genaue Anweisungen, die ihre Aktualität bis heute nicht verloren haben.

Das Alte Testament berichtet von einigen Singles, die uns mit ihren Erlebnissen gute und schlechte Vorbilder sein können:

Miriam, Aarons und Moses' Schwester, ist als Single Vorsängerin und Schlagzeugerin für ein ganzes Volk (2Mo 15,20-21). Es ist der erste gewaltige Lobpreis (neudeutsch „Worship") in der Bibel, und Miriam reißt alle Frauen mit. Was muss das für eine großartige Anbetung, eine unbeschreibliche Freude, was für ein gigantischer Chorgesang gewesen sein, mit Tausenden Stimmen zur Ehre Gottes – und Miriam zog mit Tamburin und Tanz vorneweg. Heute würde man sicher einige Tage später sehr kritische Kommentare in unseren konservativen Bibelzeitschriften lesen. Trotzdem können sich Single-Frauen an ihr ein Beispiel nehmen und durch Musik und Freude zur Anbetung Gottes beitragen.

Etwa zwei Jahre später zeigt sie ein eher unrühmliches Verhalten: Zusammen mit ihrem Bruder Aaron lehnt sie sich gegen den Anführer des Volkes, gegen ihren anderen Bruder Mose, auf. Die Strafe Gottes folgt auf dem Fuß: Sie wird aussätzig – aber schon sieben Tage später wieder geheilt als Zeichen der Gnade und Vergebung Gottes. So stehen wir alle (nicht nur als Single) in der Gefahr zu sündigen und dürfen genauso die liebevolle Vergebung Gottes erleben, wenn wir zu ihm beten (siehe 4Mo 12).

Simson war schon ein recht spezieller Zeitgenosse zur Zeit der Richter, kein echter Single, sondern ein Mann mit sexuellen Abenteuern, der sein Leben wie ein unabhängiger Single führte. Obwohl er als „Geweihter Gottes" in Israel geboren und erzogen wurde, leistete er sich später allerlei Kapriolen. Zunächst nahm er sich eine Frau von den Philistern, den Feinden des Volkes. Diese Ehe hielt nur wenige Tage, weil Simson nach der Hochzeitsfeier dreißig Philister umbrachte und sein Schwiegervater ihm anschließend die Frau wegnahm, um sie einem anderen zu geben.

Die Bibel berichtet uns, dass Gott Simsons Ehe nur zugelassen hatte, um die Feinde des Volkes Israel zu bekämpfen. Simson wurde danach, trotz dieser Vorgeschichte, sogar für 20 Jahre Richter von Israel. Das ließ ihn allerdings auch nicht zur Vernunft kommen. Sein sexuelles Verlangen führte ihn zu einer Prostituierten nach Gaza, dabei zerstörte er die gewaltigen Stadttore und nahm sich anschließend eine weitere Frau von den Philistern, mit der er aber nicht verheiratet war. Diese Delila wurde ihm zum Verhängnis, sie war im heutigen Sinn eine heimtückische und gerissene Spionin. Nach langem Betteln und Drängen und durch weibliche Überredungskünste vertraute Simson ihr schließlich das Geheimnis seiner göttlichen Kraft an.

Die Feinde überwältigten ihn, stachen ihm die Augen aus und legten ihn in Ketten. Doch diese grausame Niederlage nutzte Gott, um den Feinden Gottes sehr großen Schaden zuzufügen. Bei einem religiösen Volksfest der Philister brachte Simson die riesige Tempelhalle ihres Götzen zum Einsturz und riss dabei Tausende mit sich in den Tod (allein auf dem Dach des Gebäudes sollen sich 3000 Menschen aufgehalten haben!). Für „unsere Singles“ dürfte er kein ideales Vorbild sein.

Noomi, eine jüdische Bürgerin aus Bethlehem, habe ich im ersten Kapitel schon erwähnt. Bereits in jungen Jahren war sie Witwe geworden, lebte also mehr als ein halbes Leben lang ungewollt als Single. Neben dem Verlust ihres Mannes hatte sie noch andere schwere Schicksalsschläge erfahren: eine Hungersnot, die Flucht aus der Heimat, der Existenzkampf in einem fremden Land, der Tod ihrer beiden Söhne. Das Single-Dasein kann sehr schwer sein! Aber unser Vater im Himmel hatte Erbarmen mit ihr: Er schenkte ihr eine sehr liebvolle, einfühlsame Schwiegertochter und zuletzt sogar den lang ersehnten Enkel, der ihr Alter als Single bereicherte. Das Vertrauen auf Gott wird immer belohnt, nachzulesen im Buch Rut.

Der **Prophet Elia** war höchstwahrscheinlich auch Single. Zumindest erwähnt die Bibel nirgendwo eine Ehefrau. Er war in schwierigen Zeiten ein treuer Streiter Gottes, bis ihn sein unermüdlicher Einsatz und die Drohung einer gottlosen Königin an den Rand einer schweren Depression brachten: Er wollte nicht mehr weiterleben. Da nahm Gott ihn in seine Schule, ließ ihn bis zum Sinai wandern und setzte ihn dort trotz seines Alters noch einmal auf die Schulbank. Er musste lernen, dass Gottes Handeln nicht nur durch große Macht und Stärke, sondern auch durch Milde und Barmherzigkeit geprägt ist. Sein Auftragsbuch wurde wieder neu gefüllt. Ein Single im Dienst Gottes lernt nie aus.

Wenn ich gefragt würde: „Welche biblischen Personen waren Single?“, dann müsste ich sofort ohne Nachdenken antworten:

„Natürlich **Jesus Christus** selbst!“ Daran denken wir aber oft gar nicht. Und doch war er der berühmteste Single aller Zeiten. In ihm haben wir alle das beste Vorbild, allerdings unerreichbar. Auch wenn ich es als Single unmöglich schaffen kann, Jesu Nachahmer zu sein, werde ich von **Paulus** (auch einem Single!) sogar aufgefordert, *Gottes* Nachahmer zu sein (Eph 5,1). An anderer Stelle schreibt er: *„Nehmt mich zum Vorbild, wie ich Christus zum Vorbild nehme!“* (1Kor 11,1; – auch hier steht das griechische Wort für „Nachahmer“). Meine Lebensführung soll sich also an menschlichen Beispielen ausrichten, selbst wenn sie für mich unerreichbar sind. Aber sie können mir wie ein Leuchtturm in der Nacht zur Orientierung bei meiner Lebensführung und als Lebensziel dienen.

Die beiden erwähnten Personen (Jesus Christus und Paulus) haben gewissermaßen als persönlich betroffene, kompetente Single-Spezialisten den Alleinstehenden in unserer Zeit entscheidende Worte mit auf den Weg gegeben:

> *Jesus erwiderte: „Das ist etwas, was nicht alle fassen können, sondern nur die, denen es von Gott gegeben ist. Manche sind nämlich von Geburt an unfähig zur Ehe, andere sind es durch einen späteren Eingriff geworden, und wieder andere verzichten von sich aus auf die Ehe, weil sie ganz für das Reich da sein wollen, in dem der Himmel regiert. Wer es fassen kann, der fasse es!“ (Mt 19,11-12)*

Es stimmt: Nicht jeder kann verstehen, warum der eine heiratet und der andere nicht – und warum Gott es so führt, dass einer unfähig zur Ehe ist und ein anderer dazu gemacht wird (wahrscheinlich sind hier die Eunuchen gemeint, die es zur Zeit der Bibel häufiger gab). Auch derjenige, der durch Scheidung oder Tod den Partner verloren hat, wurde gegen seinen Willen zum Single. Wichtig dabei ist, dass die Betroffenen selbst ein Verständnis dafür entwickeln und JA sagen können zu Gottes Wegen – oft ein längerer Lernprozess, bei dem der Vater im Himmel uns hilft.

Paulus schreibt an die Korinther (ein Auszug aus 1. Korinther 7):

> *Ich wünschte zwar, alle Menschen wären so wie ich [= unverheiratet], doch dem einen hat Gott diese besondere Gabe geschenkt, dem anderen jene. Zu den Unverheirateten und Witwen sage ich: Es ist gut, wenn sie ehelos bleiben wie ich. Wenn sie aber nicht enthaltsam leben können, dann sollen sie heiraten. Das ist besser, als vor Begierde zu brennen. ...*
>
> *Nun zu den Unverheirateten: Ich habe hier kein Gebot des Herrn, aber ich gebe euch einen Rat als einer, den der Herr durch sein Erbarmen vertrauenswürdig gemacht hat. Wenn ich an die gegenwärtige Not denke, meine ich, es ist besser, unverheiratet zu bleiben. ... Wenn du aber doch heiratest, sündigst du nicht, und auch ein junges Mädchen sündigt nicht, wenn es heiratet. Freilich werden solche dann in ihrem irdischen Leben manchen Bedrängnissen ausgesetzt sein, und das würde ich euch gern ersparen. ... Ich möchte, dass ihr euch keine unnötigen Sorgen machen müsst. Der Unverheiratete sorgt sich um die Angelegenheiten des Herrn – wie er dem Herrn gefallen kann; der Verheiratete sorgt sich um die Angelegenheiten der Welt – wie er der Frau gefallen kann – und so zieht es ihn nach beiden Seiten. Ebenso ist es mit der alleinstehenden oder noch ledigen Frau:*

Sie sorgt sich um die Angelegenheiten des Herrn – dass sie mit Körper und Geist für ihn da ist. Die verheiratete Frau aber sorgt sich um die Angelegenheiten der Welt – wie sie ihrem Mann gefallen kann. Ich sage das zu eurem Besten und nicht, um euch eine Schlinge um den Hals zu legen. Ihr sollt vielmehr mit allem Anstand leben und ohne Ablenkung treu für den Herrn da sein können. ... Also: Wer ... heiratet, handelt gut; doch wer ledig bleibt, handelt besser. (1Kor 7,7-9.25-26.28.32-35.38)

Da hat Paulus sich viel Mühe gemacht und seinen Single-Status mit vielen Argumenten verteidigt, durchaus im Sinne Gottes. Aus diesem umfangreichen Text können wir folgende Grundsätze für Singles entnehmen:

- Das Dasein als Single hat zumindest für unseren HERRN den gleichen Wert wie die Ehe, obwohl Gott gesagt hat: „Es ist nicht gut, dass der Mensch allein sei." Aber im Reich Gottes finden besonders Singles ihren Platz.

- Weil jemand wie Paulus den Wert des Ungebundenseins im Dienst für Gott kennengelernt hat, empfiehlt er diesen Zustand glaubwürdig für andere weiter.

- Jede Single-Frau und jeder Single-Mann wird ermutigt, diese Lebensentscheidung vorbehaltlos vor Gott zu bejahen.

- Ein Single wird von Gott wertgeschätzt und ist wertvoll für viele Aufgaben im Reich Gottes.

- Das Leben als Single hat auch Vorteile, vor allem im geistlichen Dienst.
- Der Verheiratete hat mehr Probleme und ist nicht so frei im Dienst für Gott, weil er „auf zwei Hochzeiten tanzen muss“.
- Keiner sollte sich wegen seines Standes unnötige Sorgen machen, und keiner sollte den anderen wegen vermeintlicher Vorzüge beneiden.

Den besten Ratschlag für alle Singles gibt uns der Verfasser des Hebräerbriefes, der den berühmtesten Single vor Augen hatte:

> *Und dabei wollen wir auf Jesus schauen. Er hat gezeigt, wie der Glaubenslauf beginnt und wie er zum Ziel führt. (Hebr 12,2a)*

Was kann ich tun?

Einige biblisch begründete Antworten auf diese Frage haben Sie schon im vorigen Abschnitt gelesen. Diese möchte ich nicht noch einmal wiederholen. Bei allen Nachteilen und Belastungen hat das Single-Dasein auch Vorteile, und die sollte sich jeder Betroffene vor Augen halten und dankbar dafür sein. Ein menschliches Problem besteht darin, dass ich mich immer mit denen vergleiche, denen es aus meiner Sicht besser geht. Das gilt für den Beruf, das Gehalt, die Begabungen, mein Haus oder mein Auto, meine Gesundheit und die Karriere meiner Kinder: In jedem Fall gibt es Konkurrenten, oft Nichtgläubige, die mehr Erfolg haben als ich, und dieser Vergleich zieht mich jedes Mal nach unten. Mit dieser Beobachtung bin ich nicht allein, schon in alter Zeit gab es das Problem. Sowohl der Psalmdichter Asaf als auch Hiob und der Prophet Jeremia bestätigen es:

> *Als ich sah, wie gut es den Gottlosen ging, wurde ich selbst auf die Maulhelden neidisch. Sie leiden keine Qualen, sie sind gesund und wohlgenährt. Sie sind frei von den Lasten gewöhnlicher Menschen und werden nicht mit den anderen geplagt. (Ps 73,3-5)*

> *Warum bleiben die Bösen am Leben, werden alt und ihre Macht wächst? Gesichert wachsen ihre Kinder auf, und ihre Enkel haben sie um sich. Keine Furcht zerstört den Frieden ihrer Häuser, die Rute Gottes trifft sie nicht. ... Sie genießen ihre Tage im Glück und fahren im Nu zu den Toten. (Hi 21,7-9.13)*

> *Warum haben die Bösen Erfolg? Weshalb können Abtrünnige sorglos sein? (Jer 12,1b)*

Wenn es in der Bibel nur diese Zitate gäbe, würde ich unsicher werden. Deshalb ist es so wichtig, die Verse nicht aus dem Zusammenhang zu reißen; denn jedes Mal stellt sich heraus, dass das Wohlergehen gottloser Menschen nur ein äußerlicher und vorübergehender Schein ist. Ihr Ende sieht anders aus. Ich tue also gut daran, solche Vergleiche gar nicht erst anzustellen, sondern mich lieber über das zu freuen, was ich an Gutem habe. Dann werde ich dankbarer für Gottes Führung, auch als Einzelperson.

Irgendwann im Leben, meist in meiner ersten Lebenshälfte, muss ich diese Fragen klären:

- Will ich mein Alleinsein akzeptieren?
- Will ich es bewusst als Gabe Gottes annehmen?
- Kann ich vorbehaltlos JA dazu sagen?

Wenn ich aus verschiedenen Gründen kein JA dazu finde, bleibt mir nur die andere Möglichkeit: Ich bete und suche und warte, bis Gott mir einen Partner schenkt. Das ist in Gottes Augen eine richtige und gute Entscheidung, solange mein Vater im Himmel mir nicht eindeutig zeigt: „Du sollst Single bleiben." Wenn ich das Letztere aber als meine Bestimmung ansehe, dann kann ich auch einmal einen Blick auf die positiven Seiten dieses Lebens werfen und dafür dankbar sein: Ich bin unabhängig, finanziell und in vielen Entscheidungen selbstständig, muss weniger auf andere Rücksicht nehmen, kann Reisen machen, einem Hobby nachgehen, meine Zeit einteilen, die Wohnung einrichten usw., ohne dass mir jemand Vorschriften macht. Außerdem macht Paulus mich darauf aufmerksam, dass eine Ehe auch nicht nur „Zuckerschlecken" oder „Honigmond" („Honeymoon") ist: Da gibt es in meiner Umgebung genug Beispiele für Krisen, Konflikte und Katastrophen. Als Single brauche ich mich damit nicht herumzuschlagen.

Auf der anderen Seite habe ich tatsächlich Kapazitäten frei für die Arbeit im Reich Gottes. Ich kann mich in der Gemeinde oder in Hilfsorganisationen oder an anderen Stellen einsetzen, wo meine Fähigkeiten gebraucht werden. Auf mein seelisches Gleichgewicht und ein gesundes christliches Selbstbewusstsein können sich diese Tätigkeiten sogar sehr positiv auswirken. Denn wenn ich nur mit mir selbst beschäftigt bin, besteht die große Gefahr, viel eher psychisch krank zu werden, gewissermaßen „am Egoismus zu ersticken". Schon im Jahr 2004 stellten US-Wissenschaftler an der Universität von Massachusetts fest, dass „Helfen die Seele gesund hält. Wer sich um andere kümmert, hat weniger mit Ängsten und Depressionen zu kämpfen. ... Der Grund sei, dass Hilfsbereite sich weniger um sich selbst drehen. Das schützt vor eigenen psychischen Problemen" (ideaSpektrum 10/2004). Tätige Nächstenliebe und Barmherzigkeit halten mich als Alleinstehenden gesund.

Ich darf mir außerdem ohne geistlichen Hochmut vor Augen halten: Ich bin geliebt und wertgeschätzt von meinem himmlischen Vater. Weil das alles nicht mein Verdienst ist, würde man das oben erwähnte christliche Selbstbewusstsein besser als „Christusbewusstsein" bezeichnen. Denn diese innere Sicherheit und Festigkeit beruhen einzig und allein darauf, dass Jesus Christus mich errettet hat und in mir lebt, so wie Paulus das beschreibt: ***„Jetzt lebe nicht mehr ich, sondern Christus lebt in mir.*** *Und das Leben, das ich jetzt noch in meinem sterblichen Körper führe, das lebe ich im Glauben an den Sohn Gottes, der mich geliebt und sich selbst für mich ausgeliefert hat"* (Gal 2,20).

Gegen die Einsamkeit

Trotzdem kann es im Leben des Singles belastende Phasen der Einsamkeit geben, in denen die drängende Frage auftaucht: Was kann ich tun? Hilfreich ist es dann, wenn ich schon früher Vorsorge getroffen habe und mir nicht erst im Falle der Not eine Lösung überlegen muss. Die Lösung besteht in der Pflege von

Beziehungen. Nur wenige Beziehungen kann ich mir im Leben selbst aussuchen. Das hört sich seltsam an, entspricht aber den Tatsachen: Mutter und Vater, Geschwister und Großeltern, ja, die gesamte Verwandtschaft ist mir ohne Wahlmöglichkeit vorgegeben; ich kann nur im Laufe des Lebens entscheiden, mit wem ich mehr oder weniger Kontakt habe. Auch in Kindergarten, Schule und Ausbildung/Studium werde ich mit unbekannten Menschen zusammengestellt, ohne gefragt zu werden. Den Arbeitsplatz wähle ich meist noch selbst, aber wer dann mit mir zusammenarbeitet, bleibt bis zum Dienstantritt im Dunkeln: Meinen zukünftigen Arbeitskollegen bin ich schlichtweg „ausgeliefert". Auf die Lage meiner Wohnung oder meines Hauses habe ich einen gewissen Einfluss, die Nachbarn allerdings lerne ich erst im Laufe der Jahre kennen.

Als Single habe ich aber die große Chance, meine Freunde und Bekannten ganz allein auszusuchen. Ich brauche keinen Menschen um Erlaubnis zu fragen; und auch zu wem ich Kontakte pflege, bleibt mir überlassen. Wichtig ist nur, dass ich davon auch wirklich Gebrauch mache. In meiner Verwandtschaft, in der christlichen Gemeinde und oft auch am Arbeitsplatz ist die Auswahl recht groß. Meist bildet sich im Laufe der Zeit ein fester Bekanntenkreis heraus, und dafür gilt (wie oben erwähnt), dass er gepflegt werden muss durch Einladungen, Gespräche, Anteilnahme und gemeinsame Unternehmungen. Gleichgesinnte finden sich oft zusammen. Unter Verwandten und in den Gemeinden gibt es manchmal auch Familien, die mich als Single wie einen Angehörigen bei sich aufnehmen. Da werde ich dann in das Familienleben integriert und habe gewissermaßen ein zweites Zuhause. Noch etwas anderes, sozusagen eine Stufe höherstehend, sind echte Freundinnen oder Freunde (im Allgemeinen gehören sie demselben Geschlecht an wie ich). Davon wird es nie einen größeren Kreis geben, sondern höchstens zwei oder drei. Dem Freund vertraue ich sehr intime Dinge an, die unter Bekannten nicht besprochen werden. Meinen Freund frage ich auch bei schwierigen Entscheidungen persönlich um Rat. Andererseits helfe ich ihm zu jeder Tages- und Nachtzeit, wenn er mich darum bittet oder wenn er selbst in Schwierigkeiten steckt. Ein wichtiger Grundsatz gilt für die echte Freundschaft: Sie ist niemals in erster Linie Konsumartikel, sondern hauptsächlich Investitionsgut! Als Single investiere ich sehr viel in gute Freunde, dann werden sie mir in Zeiten der Not und Einsamkeit eine große Hilfe sein. Zwei Verse in den Sprüchen Salomos beschreiben ihren Wert:

> *Ein Freund steht immer zu dir, ein wahrer Bruder ist er in der Not. (Spr 17,17)*

> *Viele Gefährten gefährden dich, ein echter Freund ist treuer als ein Bruder. (Spr 18,24)*

Eine Besonderheit, von der meines Wissens allerdings selten Gebrauch gemacht wird, ist die Wohngemeinschaft von Singles. Unter Studenten findet man diese Lebensform häufig, aber wenn wir älter werden, bilden sich doch so einige Eigenheiten und Ansprüche heraus, die ein Zusammenleben schwieriger machen. Deshalb wird es das enge gemeinschaftliche Wohnen in der zweiten Lebenshälfte kaum noch geben. Und wenn dann doch einmal der Versuch gestartet wird, warten allerlei Herausforderungen auf die Teilnehmer: Sie müssen sich aufeinander einstellen – mit ihrem Tagesrhythmus, ihrer Körperhygiene, mit der Arbeitseinteilung im Haushalt, den unterschiedlichen

Vorstellungen über Sauberkeit und vielen weiteren Kleinigkeiten. Überall lauert ein Konfliktpotenzial, und rasch kann die anfangs optimistische Gemeinschaft wieder zerfallen oder im dauernden Kleinkrieg enden.

Um meiner drohenden Einsamkeit zu begegnen, kann ich auch auf spezielle Angebote für Alleinstehende zurückgreifen: Da gibt es von christlichen Organisationen gar nicht so selten Freizeiten, Urlaube oder Wochenend-Veranstaltungen. Wer mit anderen Singles gut vernetzt ist, wird leicht die nötigen Informationen bekommen. Wenn tiefgreifende seelische Probleme auftauchen, können ortsnahe ausgebildete Seelsorger hilfreich sein. Ich finde sie z. B. über die Internetseiten von:

- https://www.weisses-kreuz.de/bildungs-und -beratungsangebote/beratersuche
- http://www.bildungsinitiative.net/supervision-und -lebensberatung/lebensberater.htm_
- https://www.bts-ips.de/beraterverzeichnis/

Für das Schutzbedürfnis

Und dann ist da auch noch das Schutzbedürfnis, besonders als Single-Frau. Die Bandbreite der Ängste ist von Mensch zu Mensch sehr unterschiedlich. Manche Frauen sind auch in ihrer zweiten Lebenshälfte noch recht sorglos und unbeschwert, andere leiden deutlich stärker unter Angst und Unsicherheit. Diesen Gefühlen ist niemand hilflos ausgeliefert, man kann etwas dagegen tun! Nur eines sollte jeder ängstliche Mensch unbedingt vermeiden: sich völlig in sein Schneckenhaus oder seine hübsche Wohnung zurückzuziehen und nahezu alle Kontakte abzubrechen. Damit würde sich der Zustand nur noch verschlimmern! Meist hilft es der Frau, wenn sie sich bei möglichst vielen Gelegenheiten eine Begleitung sucht (Freundin, Bekannte, Verwandte). Wenn ihre Vermieter in Urlaub sind und das Haus nur von ihr bewohnt ist oder wenn sie abends im Dunkeln noch zu Fuß oder im Auto unterwegs ist, dann sollte jemand bei ihr sein. Der aufblasbare Kunststoff-Mann auf dem Beifahrersitz ist da nur eine Notlösung. Was auch das Sicherheitsempfinden fördert, ist ein Selbstverteidigungskurs. Zweckmäßigerweise macht man den bereits in jungen Jahren, und später, in der zweiten Lebenshälfte, vielleicht noch einmal. Weil es in unserer Familie schon einmal einen Überfall auf dem Waldweg gab, haben wir unsere drei heranwachsenden Töchter zu solch einem Kurs angemeldet. Das hat ihr Selbstbewusstsein und ihre Sicherheit gestärkt.

Als Single in der zweiten Lebenshälfte werden mir trotz meiner Lebenserfahrung noch einzelne Defizite auffallen, z. B. bei handwerklichen Arbeiten, wie kleinen Reparaturen oder Renovierungen oder bei Computerproblemen. Bitte nicht verzagen, es gibt immer mehrere Möglichkeiten: Entweder ich begebe mich selbst mal dran – viel mehr als eine persönliche Niederlage werde ich nicht erleben; ich habe es dann auf jeden Fall versucht und bin um ein paar Erfahrungen reicher. Ich kann immer noch im Bekanntenkreis anrufen, ob mir jemand hilft. Oder ich beauftrage einen Fachmann, was allerdings Geld kostet. Wenn mir so etwas öfter passiert, besuche ich einen entsprechenden Kurs bei der Volkshochschule oder lasse mir von einem Freund Nachhilfestunden geben, um selbstständiger zu werden.

Zuletzt ein Hinweis, der für alle Altersstufen und jede Lebenslage gilt: Pflegen Sie das Gebet, halten Sie den Kontakt zum

Vater im Himmel und rechnen Sie mit seiner Hilfe. Alle Alleinstehenden sind in die folgende Zusage Gottes eingeschlossen:

> *Vater der Waisen und Anwalt der Witwen ist Gott in seinem Heiligtum. (Ps 68,6)*

Als Abschluss des Single-Kapitels möchte ich mir und allen Verheirateten etwas Wichtiges ins Tagebuch schreiben:

Denken Sie bei jeder Begegnung mit Alleinstehenden, Sie würden Maria Magdalena oder Paulus oder sogar Jesus vor sich haben; dann fällt es Ihnen leicht, Ihrem Gegenüber die gebührende Wertschätzung und Anerkennung zu erweisen.

6.
Die Familie

Das Familienmodell besteht vom Grundsatz her schon seit Gottes Schöpfung, die äußere Form jedoch ist dem Wandel der Zeiten und der Kulturen unterworfen. Wo vor 100 Jahren und in einigen Ländern auch heute noch Großfamilien mit zehn und mehr Personen keine Ausnahmen sind, haben wir es bei der deutschen Großstadt-Bevölkerung fast nur noch mit Ein- oder Zwei-Kind-Familien oder mit kinderlosen Ehepaaren zu tun (wobei einige Ehepaare sich durchaus Kinder wünschen, aber leider kinderlos bleiben). Diese geänderte Familienstruktur macht sich in der zweiten Lebenshälfte eines Menschen recht deutlich bemerkbar. Ich selbst habe es vor 60 Jahren noch häufig gesehen, dass besonders in ländlichen Regionen Eltern mit Kindern, Großeltern, teilweise mit Onkel und Tanten (als Singles!) im Haushalt einer Großfamilie zusammenlebten, sich gegenseitig unterstützten, sich stritten und sich meist auch wieder versöhnten. Diese Familien haben sich weitgehend aufgelöst. Der Trend geht seit Jahren dahin, dass Großeltern heute überwiegend allein, oft sogar räumlich weit getrennt von ihren Kindern und Enkeln wohnen. Sie müssen und wollen für sich selbst sorgen und dann, wenn die Kraft nicht mehr reicht, die Hilfe eines guten Pflegeheims in Anspruch nehmen. Diese Veränderungen haben einen großen Einfluss auf den Umgang mit Familienfragen in der zweiten Lebenshälfte.

Überhaupt bedeutet „Familie“ für 20- bis 30-Jährige etwas ganz anderes als für 50- bis 60-Jährige. In jungen Jahren erwarten viele Paare Nachwuchs, freuen sich an den süßen, kleinen Geschöpfen Gottes, die erstaunlich schnell heranwachsen; und gleichzeitig stöhnen manche jungen Eltern über die gestörten Nächte, die stinkenden Windeln, das laute Geschrei und die viele Arbeit. Später kommen Erziehungsprobleme und Pubertäts-Kapriolen hinzu – und plötzlich, ehe man sich versieht, wandern Fräulein Tochter und Herr Sohn aus dem Haus. Unmerklich sind die Eltern in der Mitte des Lebens angekommen. Natürlich gibt es bei einzelnen Paaren auch noch Nachzügler, die ihnen bis ins Alter als Kinder erhalten bleiben, oft sogar zur Bereicherung. Daneben existieren zwar auch andere soziale Modelle menschlichen Zusammenlebens wie Kommunen, Wohngemeinschaften und Ähnliches, darauf möchte ich hier aber nicht näher eingehen.

Erwähnenswert ist noch die zunehmend große Gruppe der Alleinerziehenden. Dazu gehören Verwitwete, Geschiedene und solche Erwachsene, die nie verheiratet waren, aber Kinder haben. Diese alle haben prinzipiell dieselben Herausforderungen wie Paare, allerdings mit dem „kleinen" Unterschied, dass sie weitgehend allein dastehen und vieles mit sich selbst und ihren Kindern ausmachen müssen, ohne beraten oder korrigiert zu werden. Ihnen fehlt bei vielen Gelegenheiten der Partner.

Herausforderungen in der Lebensmitte

Kinder und Kindererziehung

Die Umstellung von der meist vom Kleinkind geprägten Familie zu Anfang der Ehe auf die Familiensituation in der zweiten Lebenshälfte kann uns ganz schön herausfordern. Die Kinder werden erwachsen und wollen bereits in ihrer Pubertät nicht mehr wie „die Kleinen“ oder wie unerfahrene Schüler behandelt werden. Höchste Zeit also, in der Lebensmitte den Schalter umzulegen und Fräulein Tochter wie eine junge Dame zu respektieren oder dem Sohn auch einmal eine größere eigenständige Aufgabe im Haus oder Garten anzuvertrauen. Früher oder später wird es dann zu kontroversen Meinungen bei den verschiedensten Themen kommen, sei es in der Politik, beim Umweltbewusstsein, bei der Ernährung, im Tagesrhythmus oder in Glaubensfragen. Heiße Diskussionen können entstehen, und wir als Eltern tun gut daran, unseren Nachwuchs wie Erwachsene mit Respekt zu behandeln und sie nicht mit wenigen harten Worten wie dumme Anfänger abzufertigen.

Erziehungsfragen werden traditionell von der jüngeren Generation völlig anders beurteilt als von den Eltern; gar nicht so selten kommen dabei recht heftige Vorwürfe aus dem Mund erwachsener Kinder. Weise Eltern werden dann versuchen, verständnisvoll zu reagieren und das Gespräch nicht sofort abzubrechen. Wie gut, wenn wir uns über diese Fragen der Vergangenheit in Ruhe austauschen können! Es ist möglich, dass unsere Kinder gegen unsere Erziehungsmethoden und frühere Entscheidungen durchaus berechtigte Einwände erheben. Wir waren damals als Eltern ja auch noch völlig unerfahren. Es stärkt das gegenseitige Vertrauen, wenn wir bereit sind, uns selbst zu hinterfragen, und den Kindern nicht als Besserwisser gegenübertreten. Wahrscheinlich waren bei der Erziehung nicht alle Entscheidungen gut und richtig. Wenn wir aber unseren erwachsenen Kindern die damaligen Umstände erklären und unsere Überlegungen und Sorgen offenlegen, können wir vielleicht mir ihrem Verständnis rechnen. Fehler in der Erziehung bleiben nicht aus, weil wir alle fehlerhafte Menschen sind. Jede Generation muss ihre eigenen Erfahrungen sammeln. Hilfreich ist es, wenn wir dabei barmherzig miteinander umgehen. Wir als Eltern übersehen beim Rückblick barmherzig die Kapriolen, Aggressionen und Wutausbrüche in der Pubertät, und gleichzeitig bitten wir unsere großen Söhne und Töchter um Verständnis, damit sie die Erziehungsfehler der Eltern nicht auf die Goldwaage, sondern unter die Decke der Barmherzigkeit legen. Wenn wir uns gegenseitig so gnädig begegnen, können wir viel Gutes zum Verhältnis zwischen Eltern und erwachsenen Kindern beitragen.

Ganz anders verhält es sich, wenn offenkundige Sünden zur Debatte stehen. Auch das kommt zwischen Eltern und Kindern vor und lässt sich nicht einfach unter dieser Decke der Barmherzigkeit verstecken. Die mögliche Sünde der Eltern reicht von roher körperlicher Gewalt über geistlichen und sexuellen Missbrauch bis hin zu Alkoholproblemen und grober Vernachlässigung. Kinder können ihrerseits ihre Eltern betrügen, bestehlen, misshandeln oder in übler Weise verleumden. Das alles sind Dinge, die meines Erachtens mithilfe biblischer Grundsätze geklärt werden müssen, andernfalls belasten sie das ganze Leben aller beteiligten Menschen.

Da hilft auch keine Psychotherapie oder oberflächliche Lebensberatung. Es gibt nur einen einzigen, manchmal steilen Weg mit diesen Stufen, die jeder Betroffene nacheinander besteigen muss: die eigene Schuld erkennen – die Sünde auch anerkennen – sie bekennen vor Gott und den Menschen, an denen ich schuldig geworden bin – Buße tun – und um Vergebung bitten. Dieser „steinige Weg" gilt sowohl für Vater und Mutter, wenn sie Schuld auf sich geladen haben, als auch für Söhne und Töchter, die gegenüber ihren Eltern gesündigt haben. Vor

Gott, dem himmlischen Vater, sind alle gleich. Ebenso generell und generationsübergreifend ist das Prinzip der Vergebung. Die von Herzen kommende, echte Vergebung heilt Täter und Opfer gleichermaßen, wenn sie ausgesprochen wird. Sie ist die einzig mögliche Grundlage für eine wahre Versöhnung. Manche Vergebungsbereitschaft braucht allerdings Zeit, vor allem wenn tiefgreifende seelische Verletzungen, geistlicher oder sexueller Missbrauch o. Ä. vorausgegangen sind. Diese Geduld müssen alle Beteiligten aufbringen, ansonsten besteht die Gefahr einer überstürzten, oberflächlichen Versöhnung, die vielleicht unter Druck oder aus christlichem Pflichtgefühl heraus zustande kommt und dann keinen Bestand hat.

In schwierigen Fällen braucht man auch einen einfühlsamen Vermittler, der für beide Seiten Verständnis aufbringt und trotzdem die Sünde nicht schönredet. Mit Gottes Hilfe können Verständigung und Versöhnung zwischen den Generationen immer gelingen. Allerdings sollten wir nicht Barmherzigkeit und Vergebung miteinander verwechseln: Barmherzig gehen wir mit unseren gegenseitigen Fehlern, Schwächen und Eigenheiten um und schauen über die möglichen Folgen gnädig hinweg; Vergebung ist immer da nötig, wo es sich um echte Sünden handelt. Sehr traurig wäre es, wenn ich als alter Mensch mit unbereinigter Schuld in den letzten Abschnitt meines Lebens gehen müsste.

Kinder verlassen die Eltern

„Wenn Kinder das Haus verlassen, leidet das Herz der Mutter und der Geldbeutel des Vaters“ – so kann man es auf eine kurze, provozierende Formel bringen, die sicher nicht in allen Fällen gilt. Aber häufig ist es doch ein einschneidendes Ereignis, das der Mutter sehr nahegeht und den Vater emotional nicht ganz so stark berührt. Er muss dagegen für die Mietkosten der Studentenbude und den Lebensunterhalt des Sprösslings aufkommen. Wenn das erwachsene Kind schon älter ist, vielleicht verheiratet ist oder die Ausbildung schon abgeschlossen hat, dann sieht die Sache etwas anders aus. Manche Eltern sind froh, wenn ihr Nachwuchs endlich auf eigenen Beinen steht und sich selbst versorgen kann. Ein gutes Verhältnis zwischen den Generationen braucht darunter nicht zu leiden. Allerdings ist zu Hause, wie man so schön sagt, das Nest leer. Und das fällt, wie erwähnt, der Mutter eher schwerer als dem Vater. Sie steht dem Kind meist näher, hat traditionell mehr Zeit investiert als er, eine intensivere Beziehung aufgebaut (sie ist als Frau ja auch eher ein Beziehungsmensch), der Vater lebt dagegen überwiegend in seiner sachlich-rationalen Gefühlswelt und kann sich besser ablenken. Bei ihr kommt hinzu, dass der Auszug der Kinder oft in die sensible Phase der Wechseljahre hineinfällt, in denen eine Frau ohnehin psychisch labiler reagiert.

Ein anderes Problem ergibt sich, wenn wir als Eltern ein Kind mit Behinderungen zu versorgen haben, das immer auf Betreuung angewiesen sein wird. Viele Jahre habe ich selbst ein Behindertenheim betreut und dabei oft erlebt, wie schwer es Eltern fällt, ihr geliebtes Kind dort unterzubringen, auch wenn das Heim einen noch so guten Ruf hat. Irgendwann kommt aber in jeder Familie der Zeitpunkt, an dem die innere Belastbarkeit und die Kräfte nicht mehr ausreichen, um die Versorgung im Alltag zu gewährleisten. Die vernünftigen Überlegungen einerseits und die Zuneigung zum eigenen Kind andererseits stehen in einem heftigen Widerstreit.

Ein Außenstehender kann sich kaum vorstellen, wie stark die Bindung und die Liebe zu so einem hilfsbedürftigen Kind im Laufe der Jahre geworden sind. Als Eltern fühlen wir uns herzlos, lieblos und grausam, wenn wir unseren Liebling in dieses fremde Haus und in fremde Hände abschieben – so kommt es uns zumindest vor. Auch wenn die rationalen Gründe unbedingt dafür sprechen – emotional sind wir meilenweit davon entfernt. Manchmal muss ein regelrechter Zusammenbruch eintreten, bevor Eltern diesen letzten Schritt gehen. Wenn sich dann im Laufe der ersten Monate herausstellt, dass die Tochter oder der Sohn im Heim sehr gut versorgt ist, teilweise besser als zu Hause, dann sind Vater und Mutter bald wieder mit sich selbst versöhnt.

Die alte Generation und ihre Versorgung

Zur Familie in der Lebensmitte gehören auch die eigenen Eltern, die natürlich dann meist schon im Rentenalter angekommen sind. Viele alte Eltern sind noch lange rüstig und können, wenn gewünscht, die nächste Generation praktisch (bei der Kinderbetreuung) oder mental (durch Beratungen) oder sogar finanziell unterstützen. Umgekehrt ist es aber auch möglich, dass sie (oder andere ältere Personen aus der Verwandtschaft) hilfs- oder pflegebedürftig werden. Da stehen dann oft schwierige Entscheidungen ins Haus: Inwieweit können oder müssen wir uns darum kümmern? Haben wir den Platz, in unserem Zuhause jemanden aufzunehmen? Haben wir Kraft und Zeit für Versorgung und Pflege? Welche Pflichten kommen bei einer Rundumversorgung auf uns zu? Oder gibt es andere Möglichkeiten, wie z. B. die Unterbringung in einem Seniorenzentrum?

Was sagen die Betroffenen selbst dazu? Setzen sie uns emotional unter Druck und fordern unsere Hilfe ein, oder sind sie bereit, auch andere Wege zu gehen? Dies und vieles mehr muss geklärt werden. Schon allein für die Überlegungen und Gespräche ist viel Zeit und Kraft erforderlich, und das meist neben den beruflichen und anderen familiären Aufgaben: ein echter Kraftakt – vor allem, wenn eine Entscheidung unter Zeitdruck getroffen werden muss. An dieser Stelle kann unmöglich der gesamte Fragenkatalog von Versorgung und Pflege erschöpfend beantwortet werden, da ist im Allgemeinen fachliche Beratung durch Pflegedienste und andere Stellen nötig.

Was wird aus dem großen Haus?

Andererseits kann beim Auszug der Kinder und einer kleiner werdenden Familie auch die Frage auftauchen, ob wir als Paar in unserer bisherigen Wohnung oder dem Haus wohnen bleiben sollen. Eigentlich sind die Räume jetzt zu groß für uns; alles muss geheizt, geputzt und instand gehalten werden. Beim Älterwerden möchten wir gern Kosten und Arbeit reduzieren, das ist gut nachvollziehbar. Allerdings ist die Aufgabe einer Wohnung oder mehr noch der Verkauf eines Hauses eine weitreichende Entscheidung, die gut überlegt werden muss: Kommen Kinder, Enkel oder andere Verwandte oft zu Besuch, oder müssen wir uns, wie oben erwähnt, irgendwann um pflegebedürftige Angehörige kümmern? Dann brauchen wir wieder mehr Platz. Können wir uns einen Umzug oder sogar ein neues Haus überhaupt leisten? Wollen unsere Nachkommen vielleicht in ein paar Jahren das Elternhaus oder die Wohnung übernehmen? Wie stark sind unsere eigenen emotionalen Bindungen an ein Eigentum, das vielleicht schon lange im Familienbesitz ist? Und schließlich: Wo soll es hingehen, an welchen Ort, in welche Umgebung, und was kostet uns das Ganze? Eine Mietwohnung, eine kleine Eigentumswohnung oder ein anderes, kleineres Eigenheim in der Nähe der Kinder? Bleiben die dann auch dort wohnen, oder sind wir in ein paar Jahren wieder allein?

Das alles sind Überlegungen, die gut durchdacht sein wollen und die wir als Eltern am besten mit allen Kindern besprechen. Auch das Älterwerden, eventuelle Behinderungen und Pflegebedürftigkeit müssen wir dabei berücksichtigen. Außerdem werden wir meist mit zunehmendem Alter immer unflexibler; manche Senioren bewegen sich nicht mehr von der Stelle und lassen sich auch mit gutem Zureden nicht motivieren, ihr gewohntes Umfeld einschließlich ihrer Wohnung zu verlassen. Dann haben es die Kinder schwer mit uns, wenn sie uns gern näher bei sich hätten, um uns besser versorgen zu können, wir uns aber vehement dagegen wehren – Situationen, die ich alle bei der Betreuung älterer Menschen schon miterlebt habe. Und plötzlich gehöre ich selbst zu dieser starrköpfigen Generation ...

Was sagt die Bibel?

Die Familie hat in Gottes Wort einen hohen Stellenwert. Auffallend ist nur, dass das Alte Testament viel mehr über Familien berichtet als das Neue. Ich denke, das hat seinen Grund darin, dass im Alten Testament irdische Segnungen, menschliche Familien und irdische Stammbäume mit ihren Verheißungen Gottes eine große Rolle spielen, während der Schwerpunkt im Neuen Testament auf der himmlischen Zukunft und den himmlischen Segnungen liegt. Dementsprechend stehen dort auch mehr die Familien des Glaubens, die Gemeinde, und die geistliche Abstammung im Vordergrund. Menschliche familiäre Zusammenhänge werden nur sehr selten erwähnt. So lesen wir z. B. kaum etwas über die Familie von Josef und Maria, in der Jesus aufwuchs. Jesus bestätigt diese grundsätzliche neutestamentliche Sicht sogar:

„Wer ist meine Mutter und wer sind meine Brüder?“, antwortete ihm Jesus. Dann wies er mit der Hand auf seine Jünger und sagte: „Das hier ist meine Mutter und das sind meine Brüder!“ (Mt 12,48-49)

In den älteren Bibelübersetzungen (LUT, ELB) kommt der Begriff „Familie“ im Neuen Testament überhaupt nicht vor, während die neueren Übersetzungen das Wort häufiger erwähnen, und erst recht im Alten Testament. Wenn wir also eine biblische Auskunft über Familien erhalten wollen, müssen wir in erster Linie das Alte Testament befragen.

Abraham bekam von Gott mehrmals die Verheißung einer nahezu unzählbaren Nachkommenschaft („wie die Sterne am Himmel und die Sandkörner am Strand“; 1Mo 22,17), dennoch musste er unendlich lange auf seinen ersten und einzigen Sohn mit Sara warten. Wie auf S. 40 schon erwähnt, wurde der von Hagar (Saras Magd) stammende Sohn Ismael von Gott nicht als Erbe anerkannt. Ebenso verhielt es sich mit den Söhnen, die Abraham nach Saras Tod von seiner zweiten Frau Ketura bekam. Alle mussten das verheißene Land Kanaan verlassen, Isaak allein bekam das ganze Erbe mitsamt allen Segnungen zugesprochen. Abraham sorgte als Vater auch für die seiner Meinung nach richtige Ehefrau seines Sohnes. Der dienstälteste Knecht und Verwalter wurde losgeschickt, um in Mesopotamien in der Stammesfamilie nach einer geeigneten Partnerin Ausschau zu halten – eine ganz schöne Bevormundung, die sich heute ein 40-jähriger Sohn nicht mehr von seinem Vater gefallen ließe. Trotzdem gab es später die Liebe auf den ersten Blick. Damals waren die Sitten eben anders.

Bei **Isaak und Rebekka** traten dann deutlich mehr Familienprobleme auf. Die Zwillinge Esau und Jakob waren offensichtlich so gegensätzlich wie Feuer und Wasser, was auch noch durch die Eltern gefördert wurde. Jeder hatte seinen Lieblingssohn, den er bzw. sie unterstützte. Dass da öfter der Haussegen schief hing, kann man sich gut vorstellen. Die Rivalität zwischen Jakob und Esau hielt trotz der großen räumlichen Entfernung praktisch das ganze Leben lang an, auch wenn die beiden sich (vielleicht pro forma?) bei Jakobs Rückkehr im mittleren Alter einmal versöhnten. Jakob behielt aber offenbar immer eine gewisse Angst vor der Rache des Bruders. Das Konfliktpotenzial zwischen den Völkern des Nahen Ostens (z. B. zwischen Israel und Edom) besteht bis in die heutige Zeit. Anders als Isaak und Jakob, die beide ihre Ehepartner aus der ursprünglichen Stammesfamilie bekamen, suchte Esau sich Frauen bei den Kanaanitern. Die Bibel berichtet, dass sie „ein schwerer Kummer für Isaak und Rebekka" waren (1Mo 26,34-35). So können auch Schwiegerkinder zu einer Belastung für die Beziehung zwischen den Generationen werden.

Jakob erging es in seiner Großfamilie nicht besser: Streit und Probleme unter seinen zwölf Söhnen und der einen Tochter waren an der Tagesordnung. Dabei war Jakob aus heutiger Sicht ein echter „Familienmensch", dem seine Frauen und Kinder sehr am Herzen lagen. Aber die Streitereien und schweren Ausschreitungen (wie die Ermordung aller Männer in Sichem, den Mordversuch an Josef, den Betrug mit dem in Blut getauchten Obergewand und Josefs Verkauf in die Sklaverei) konnte Jakob leider nicht verhindern; vielleicht war er zu mild und wenig durchsetzungsfähig. Als Familienoberhaupt musste er bittere

Zeiten erleben, bis es ihm schließlich in fortgeschrittenem Alter vergönnt war, seinen Lebensabend ruhiger und in Frieden zu verbringen – das allerdings nicht in dem verheißenen Land Kanaan, sondern in der Fremde, in Ägypten. Bezeichnend sind seine Worte, die er an den dortigen Landesherrn, den Pharao, richtete:

> *„130 Jahre lebe ich als Fremder auf dieser Erde“, erwiderte Jakob. „Die Zeit meines Lebens war kurz und mühselig und reicht nicht an die Lebensjahre meiner Väter heran, die auch ohne Heimat umherzogen.“ (1Mo 47,9-10)*

In ähnlicher Weise hatte auch **Samuel** Sorgen mit seinen Söhnen, die er als Richter eingesetzt hatte: Sie waren geldgierig und bestechlich. Und bei **König David** kam es noch schlimmer: Die Bibel berichtet von Vergewaltigung, von Mord und Totschlag und von Rebellion und Putsch gegen den König selbst; verantwortlich für alle diese Taten waren seine eigenen Kinder. Von einem harmonischen Familienleben kann da wohl nicht die Rede sein. Es ist doch erstaunlich, dass Gottes Wort so schonungslos offen und ehrlich die berühmten Männer und ihre Familien beschreibt, die eigentlich Vorbilder für uns sind. Wenn wir nicht wüssten, dass über alledem die Gnade Gottes steht, könnten wir nur noch den Kopf schütteln und verzweifeln. Auch ein Mann nach dem Herzen Gottes (wie David in der Bibel bezeichnet wird) hatte also gewaltige Familienprobleme.

Im Neuen Testament lesen wir – wie oben erwähnt – wenig über die irdischen Familien. Trotzdem gibt es in den Briefen einige wichtige Aussagen, die für uns als Eltern und auch für unsere Kinder und ihre Erziehung wichtig sind:

Ihr Kinder, gehorcht euren Eltern, weil ihr mit dem Herrn verbunden seid. Das ist nur recht und billig. „Ehre deinen Vater und deine Mutter" – so lautet das erste Gebot, dem eine Zusage folgt –, „damit es dir gut geht und du ein langes Leben auf der Erde hast." Und ihr Väter, reizt eure Kinder nicht, macht sie nicht zornig, sondern erzieht sie nach den Maßstäben und Ermahnungen des Herrn. (Eph 6,1-4)

Wenn wir genau hinsehen, enthält diese Aussage in der Bibel keine Altersbegrenzung. Mit anderen Worten: Wenn ich 60 Jahre alt bin und eine 85-jährige Mutter habe, sollte ich ihr mit derselben Ehrerbietung begegnen wie einem Staatsoberhaupt, und auch in meiner Sturm- und Drangperiode als junger Erwachsener gilt derselbe Grundsatz. Das bedeutet nicht, dass ich alles genau befolgen muss, was z. B. meine alt gewordene Mutter mir „befiehlt", aber ich muss sie ehren und wertschätzen, das sagt Gottes Wort. Paulus weist hier auch auf die Verheißung Gottes hin, die mit dem Befolgen dieses Gebots verbunden ist. Wie sich die Verheißung Gottes auswirkt, kann man leicht an dem erwähnten Beispiel erklären: Die Art und Weise, wie ich im Alter von 30, 40 oder auch 60 Jahren meine eigene Mutter behandle, wird natürlich von meinen eigenen Kindern bewusst oder unbewusst registriert: Sie verehren ja meist ihre Großeltern, und ich wirke für sie als Vorbild – ob positiv oder negativ, das liegt ganz bei mir. Und so wie ich mit meiner Mutter umgegangen bin, werden sie mich voraussichtlich später, im höheren Alter, auch einmal behandeln. Schon jetzt entscheidet sich also, zumindest teilweise, ob es mir dann gut oder schlecht ergeht. In den Großfamilien vergangener Jahrhunderte hatte das sicher eine noch größere Bedeutung als heute.

Der zweite Hinweis für die Väter („Reizt eure Kinder nicht“) hat ebenfalls keine Altersgrenze. Als Vater kann ich noch so alt geworden sein: Meinen Sohn und meine Tochter soll ich durch mein Verhalten nicht zum Zorn reizen, sondern die Maßstäbe Gottes beachten. Das bedeutet allerdings nicht, dass ich klare Korrekturhinweise zurückhalten muss, wenn sie nötig sind (wie bei dem Hohen Priester Eli, der das bei seinen Söhnen versäumte, 1Sam 2 und 4).

Zum Schluss dieses Abschnitts lässt uns die Bibel noch einen interessanten Blick in die Zukunft werfen. Der Prophet Sacharja beschreibt eine idyllische Szene, die sich im zukünftigen Friedensreich Gottes, in der Hauptstadt Jerusalem, abspielt:

> *So spricht Jahwe: „Ich kehre nach Zion zurück und werde in der Stadt wohnen. Stadt der Wahrheit wird man Jerusalem nennen, und den Berg, auf dem der allmächtige Gott wohnt, Heiliger Berg.“ So spricht Jahwe, der allmächtige Gott: „Auf den Plätzen der Stadt werden wieder hochbetagte Männer und Frauen sitzen, vor Alter auf ihren Stab gestützt; und sie werden den spielenden Kindern zusehen, den Jungen und Mädchen, von denen die Plätze wimmeln.“ (Sach 8,3-5)*

Senioren mit Rollator und Gehstützen sitzen dort auf gemütlichen Stühlen am Rand der öffentlichen Plätze im Orient und beobachten (wahrscheinlich voller Begeisterung) im Licht der Abendsonne die große Zahl der Kinder, die Roller fahren, Fußball spielen, mit Springseilen hüpfen oder der Oma beim Erzählen zuhören. So könnte ich mir mein Alter auch vorstellen. Mir gefallen diese Zukunftsaussichten, weil sie uns das Idealbild einer generationsübergreifenden Wohngemeinschaft vor Augen führen, wo kein Streit und kein Konflikt mehr die Herzen belastet. Was kann es für alte Menschen Schöneres geben, als den Frieden Gottes und die Freude von Kindern hautnah mitzuerleben? Ich erinnere mich an viele Gelegenheiten, bei denen im Saal eines Altenheims Kinder mit Liedern, Spielen und kleinen Vorführungen auftraten und die Senioren voller Freude lachten und in die Hände klatschten – ein kleiner Vorgeschmack auf die Ewigkeit.

Was kann ich, was können wir tun?

Investitionen in den Wert der Familie

Wer sind für mich die wichtigsten Personen hier auf der Erde im Laufe meines Lebens? Ohne Zweifel mein Ehepartner, meine Kinder und meine Enkel. Ihnen gehören doch eigentlich meine höchste Aufmerksamkeit, meine wertvollste Zeit und meine größte Energie. Oft genug sieht es aber anders aus: Da nimmt mich der Beruf jahrelang so sehr in Anspruch, oder mein Hobby oder mein Ehrenamt kostet so viel Zeit und Kraft, dass für meine Familie kaum etwas übrig bleibt. Mein Bankkonto freut sich vielleicht darüber, aber die Beziehungen verkümmern. Wenn ich ein Einsiedler-Typ bin, der beim Älterwerden keine Beziehungen braucht, wird mir das nicht viel ausmachen, aber jeder normal veranlagte Familienmensch wird früher oder später das Defizit schmerzlich empfinden, wenn er oder sie nicht in jungen und mittleren Jahren in die Familie investiert hat.

Bei unseren eigenen vier Kindern konnten wir das sehr schön beobachten: Als sie noch junge, unverheiratete Erwachsene waren, spielte das „Modell Familie“ (auch ihre Beziehung zu uns als Herkunftsfamilie) nur eine sehr geringe Rolle. Als sie dann eins nach dem anderen heirateten und selbst Kinder bekamen, stieg innerhalb kurzer Zeit der Pegel ihres Familiensinns sprunghaft an. Heute vergeht kaum ein größeres Fest, bei dem sie nicht versuchen, zusammen zu sein, obwohl sie teilweise bis zu 2000 km zurücklegen müssen. Der Grund liegt unter anderem darin, dass besonders meine Frau in den ersten zwölf Jahren, als unsere Kinder noch klein waren, alles darangesetzt hat, für sie da zu sein und ihnen eine kindgerechte Entwicklung in einer intakten Familie zu ermöglichen.

Als viel beschäftigter Arzt mit Ehrenämtern gab es bei mir schon manch schmerzhafte Lücke in der häuslichen Präsenz, aber meine liebe Frau konnte das immer gut ausgleichen. Wenn ich dann aber mal zu Hause war, habe ich, wenn eben möglich, meine volle Konzentration den Kindern und ihren Anliegen gewidmet. An manche Spiel- und Tobe-Nachmittage kann ich mich erinnern, an Zeitgutscheine für jedes einzelne Kind etwa mit der Aufschrift: „Von 14 bis 17 Uhr mache ich mit dir, was du dir wünschst, es darf bis zu 10 DM kosten." Natürlich kamen dabei alle mal an die Reihe. Im Abstand von ein bis zwei Wochen wurde ein „gemütlicher Abend" eingerichtet: ein besonderes Essen, im Sommer ein Grillabend, im Winter Kerzenschein, kleine Werbegeschenke, ein Gesellschaftsspiel und als Höhepunkt immer eine lange, spannende Geschichte. Daneben Ausflüge, Wanderungen, Familienfreizeiten, Kindergeburtstage, viel Natur und später dann eine umfangreiche christliche Jugendarbeit.

Warum beschreibe ich das so ausführlich? Erstens, weil wir schon damals den Grundstein für den Familiensinn unserer Kinder legen konnten. Zweitens, weil wir heute den Nutzen davon haben: Kinder und Enkel, die sehr gern zu Oma und

Opa kommen. Drittens, weil diese Investition in die Familie eine Basis für das gute Vertrauensverhältnis zu den Kindern ist. Und viertens, weil man das nicht erst in der zweiten Lebenshälfte nachholen kann, sondern dann darauf aufbauen sollte. Wenn Kinder ihre Familie nur als Kriegsschauplatz oder Gefrierschrank mit unterkühlter Polaratmosphäre erleben, werden sie nie ein positives Familienbild entwickeln. Wir müssen also möglichst früh anfangen, gute Erlebnisse zu säen. Im Alter dürfen wir dann „ernten".

Vertrauensverhältnis zu den Kindern

Allerdings ist das gute Vertrauensverhältnis zu den Kindern kein Selbstläufer, als Eltern müssen wir immer wieder daran arbeiten und unser Verhalten dem Alter der Kinder anpassen. Einen 15-Jährigen kann ich nicht genauso behandeln wie einen Achtjährigen: Meine Beziehung zu ihm, mein Respekt und meine Ausdrucksweise müssen mitwachsen – erst recht natürlich, wenn der Sohn oder die Tochter verheiratet und selbst Familienvater bzw. Mutter ist. Mit der Heirat ist der Loslösungsprozess vom Elternhaus endgültig beendet; ich besitze keinerlei Weisungsbefugnis mehr und sollte sie oder ihn in die völlige Selbstständigkeit entlassen.

Das fällt nicht jedem Elternteil leicht. Wenn ich ein Oberlehrer-Typ bin, würde ich am liebsten täglich irgendwelche Lektionen besprechen, sei es zur Ehe, zur Haushaltsführung, zur Ernährung, zur Kindererziehung, zur Wohnungsrenovierung oder zu Finanzfragen. Ich finde erst dann meine innere Ruhe, wenn ich angerufen werde und die passenden Ratschläge erteilt habe. Schließlich ist er/sie ja noch sehr unerfahren und braucht meine Hilfe, und ich meine auch, ganz deutlich seine bzw. ihre tiefe Dankbarkeit zu spüren ... Dass die „Kinder“ damit gar nicht so glücklich sind, erfahre ich erst viel später, wenn sie mir nach langem Zögern reinen Wein einschenken und mich höflich, aber bestimmt bitten, diese „Angebote“ zu unterlassen. Ich hole bereits tief Luft für eine längere Erklärung, aber meine Frau kneift mich genau in diesem Moment schmerzhaft in den Unterarm und verhindert damit jede sinnvolle Reaktion. Mir bleibt nichts anderes übrig, als mich mit zusammengekniffenen Lippen und tiefen Sorgenfalten zwischen den Augen in meinen Sessel zurückzuziehen. Die nächsten Familientreffen sehen mich mehr als schweigenden Gast, der aus dem Fenster schaut und Vögel beobachtet. Erst ein paar Monate später habe ich mein inneres Gleichgewicht wiedergefunden und kann einige wertvolle Erkenntnisse in der Familie weitergeben.

Was wir also tun können: unseren Kindern die Freiheit zu lassen, sobald sie aus dem Haus sind. Sie müssen ihr Leben selbst meistern, müssen auch aus eigenen Fehlern lernen, Erfahrungen machen und dabei erleben, dass der Mensch ohne Gottes Hilfe und ohne die lebendige Beziehung zum himmlischen Vater oft ins Schwimmen gerät. Selbst in der zweiten Lebenshälfte kann man noch trainieren, seine Kinder loszulassen. Ich erinnere mich an einen überfürsorglichen liebenden Vater, der seine 22-jährige Tochter täglich am Studienort anrief, um sich nach ihrem Tagesablauf und ihrem Befinden zu erkundigen. Falls sie unterwegs war, musste sie sich regelmäßig bei ihm zu Hause melden und Bericht erstatten. Verständlich, dass das nicht lange Zeit gut ging: Die Tochter rebellierte, die Mutter verteidigte sie, und eine handfeste Ehekrise entstand. Erst die seelsorgerliche Betreuung des Vaters und seine Verhaltensänderung brachten die Familienverhältnisse wieder ins Gleichgewicht.

Etwas anderes ist es, wenn Kinder Rat und Hilfe erbitten. Die kann ich ihnen dann gern gewähren, allerdings auch nicht als Lehrmeister, sondern immer als Partner. Wenn ich meinem Sohn bei Buchhaltungsfragen in seiner Zahnarztpraxis helfe, setze ich mich ganz bewusst nicht auf seinen Stuhl, an seinen Arbeitsplatz, sondern an den Schreibtisch gegenüber: Denn er ist hier der Chef, und das muss er auch bleiben.

Auf das Verhältnis zu unseren erwachsenen Kindern kann man gut das leicht abgewandelte Bibelwort aus Römer 12,18 anwenden, gegen das leider oft verstoßen wird:

Soweit es irgend möglich ist und soweit es auf euch ankommt, lebt mit allen euren erwachsenen Kindern in Frieden!

Das leere Nest

Die Kinder sind also aus dem Haus. Das „leere Nest" hatte ich oben schon angedeutet, jetzt ist es Realität, und es belastet die Seele der Mutter meist mehr als die des Vaters. Für diese Situation gilt auch unsere berechtigte Frage: Was kann ich bzw. können wir jetzt tun, damit uns die Decke nicht auf den Kopf fällt?

Einige Antworten ergeben sich aus dem vorigen Abschnitt: gute Kontakte zu den Kindern halten, ohne zu kontrollieren oder zu bedrängen; sich an Absprachen zu halten ist immer hilfreich.

Außerdem gibt es für uns selbst vielfältige Betätigungsmöglichkeiten:

- Hobbys reaktivieren,
- Sport treiben, sich einer Gymnastikgruppe anschließen,
- Neues ausprobieren,
- Freundschaften wieder aufleben lassen,

- Kinderzimmer umgestalten zu Hobbyraum oder Gästezimmer,
- gemeinsame Wanderungen oder regelmäßige Spaziergänge,
- mal ein Museum oder ein Konzert besuchen,
- oder auch mal locker-luftig gar nichts tun und den Liegestuhl ausprobieren,
- vielleicht eine neue Arbeitsstelle anpeilen,
- berufliche Fortbildung oder sogar ein Hochschulstudium in Kunst und Geschichte?
- Ehrenämter gibt es in Hülle und Fülle, für jeden Interessenbereich und jede Begabung,
- man muss nur wollen, suchen und Kontakte knüpfen.
- ...

Die Enkelkinder

Deutlich entspannter als zu den eigenen Kindern entwickelt sich das Großeltern-Verhältnis zu den Enkelkindern – vorausgesetzt, unsere Beziehung zu den Kindern ist in Ordnung. Es gibt kaum eine wertvollere Bereicherung der zweiten Lebenshälfte als der Umgang mit Enkelkindern, die in der Nähe wohnen. Es sollte gar nicht derselbe Haushalt sein, eine gewisse Distanz von einigen hundert Metern ist da recht hilfreich. Denn als Oma und Opa haben wir ja keinen Erziehungsauftrag mehr, sondern höchstens einen Betreuungsauftrag. Die Erziehungshoheit liegt allein bei den Eltern; so wie ein Bundeskanzler die Richtlinien der Politik bestimmt, so sagen die Eltern der Kinder, wo es langgeht: wann Nutella gegessen wird, wie hoch der Handykonsum sein darf und welche Filme auf den Bildschirm kommen. Gut, wenn wir das respektieren, dann können wir manche Konflikte vermeiden. Und womit dürfen wir die Enkel verwöhnen? Auch diese Frage sollte eindeutig geklärt werden, damit wir zumindest darin einen gewissen Handlungsspielraum haben, denn das Verwöhnen fällt nun mal eindeutig in den Aufgabenbereich von Großeltern.

Und dann dürfen die herzerfrischenden Enkelstunden beginnen: Wenn sie noch Babys sind, mit ihnen spazieren gehen, die Betreuung für einen Tag übernehmen, Babysitting am Abend, Kleinkinder-Spielchen auf dem Teppich, Bauen mit LEGO oder Duplo, Toben auf der Wiese hinterm Haus, Blumen pflücken; Oma und Opa haben natürlich schon für Schaukel, Sandkasten und ein schnuckeliges Kinder-Spielhäuschen gesorgt, später kommen je nach Bedarf Dreirad, Roller, Fußball, Basketball-Korb und anderes Spielzeug hinzu. Auf dem Dachboden gibt es eine große Verkleidungsauswahl, die alte Modelleisenbahn und vieles mehr. Die Vorführungen im Kindergarten, der Laternenumzug, die Einschulung und natürlich das erste Fußballspiel werden treu von den Großeltern begleitet.

Man könnte ganze Bücher über die Kontakte schreiben, die sich im Laufe der Jahre mit den Enkeln ergeben: Oma kocht ein- oder zweimal für die Schulkinder (natürlich nur Lieblingsgerichte, selbst wenn dadurch zehn oder zwölf verschiedene Töpfe auf den Tisch müssen), Opa besorgt Taxidienste am laufenden Band und wird eines Tages von der Enkeltochter gefragt: „Opa, warum fährst du uns eigentlich immer, macht dir das nichts aus?" Opas Antwort: „Weil ich verliebt bin in meine Enkelkinder – das wirst du später besser begreifen." Dann kommen noch Nachhilfe in Mathe und Englisch und Hausarbeiten in Religion hinzu, und immer wieder ergeben sich herrliche und einmalige Momente des Miteinanders, die einige Jahre später nicht mehr möglich sein werden.

Umgekehrt erleben Oma und Opa plötzlich, dass die Enkel Fähigkeiten im Umgang mit Laptop und Smartphone besitzen, von denen die Senioren nur träumen können. Da freuen sich dann die Alten, wenn ihnen endlich mal beim Umgang mit der modernen Technik geholfen wird. Bereichernd sind auch die tiefgründigen Gespräche über Glauben und über Alltagssorgen. So lässt sich etwas von dem Generationenauftrag realisieren, den sowohl das Alte als auch das Neue Testament kennen. Diese 3000 Jahre alten Wahrheiten spielen sich heute noch in den Wohnungen der Christen ab und bereiten allen Beteiligten eine tiefe innere Freude:

> *Was wir hörten und erkannten, was unsre Väter uns erzählten, wollen wir ihren Söhnen nicht verschweigen, das sollen auch künftige Generationen erfahren: die Ruhmestaten und die Stärke Jahwes und die Wunder, die er tat. (Ps 78,3-4)*

> *Gott, von Jugend an hast du mir gezeigt, wer du bist. Von deinen Wundern erzähle ich bis heute und bis zum Alter und zum grauen Haar. Verlass mich nicht, mein Gott; dass ich der Nachwelt von deiner Stärke erzähle, künftigen Generationen von deiner Macht. (Ps 71,17-19)*

> *Und die Wahrheit, die du vor vielen Zeugen von mir gehört hast, sollst du treuen und zuverlässigen Menschen anvertrauen, die dann fähig sein werden, wieder andere zu lehren. (2Tim 2,2)*

Gut möglich, dass der Auftrag von Paulus sich auch in unserer Familie verwirklicht: Die älteste Enkelin möchte nach Abitur und FSJ (Freiwilligem Sozialen Jahr) an einer bibeltreuen Hochschule Theologie studieren, und Oma und Opa haben sie dabei kräftig unterstützt. Auf jeden Fall lohnt sich diese Investition in die nächste bzw. übernächste Generation.

7. Der Beruf

Ja, auch die Berufstätigkeit hat sich im Wandel der Zeiten stark geändert. Wo früher noch Betriebsjubiläen von 40 oder 50 Jahren gefeiert wurden, muss man heute schon nach zehn oder 15 Jahren das Sektglas erheben; denn das nächste Jubiläum dürfte bereits in einer anderen Firma gefeiert werden. Am Arbeitsmarkt muss man flexibel sein, auch mal etwas Neues wagen oder sich umschulen lassen, wenn die Karriere es erfordert; und man muss bereit sein, weite Wege in Kauf zu nehmen. Vor 100 Jahren gingen etwa 90 % aller Arbeiter zu Fuß zum Arbeitsplatz, einige fuhren mit dem Fahrrad. Die großen Arbeitersiedlungen im Umkreis bekannter Firmen zeigen die damaligen Verhältnisse.

Heute (Stand 2020) benutzen 68 % der Erwerbstätigen ihr Auto, viele den ÖPNV und nur wenige das Fahrrad oder die eigenen Füße, um zur Arbeit zu kommen.[3] Eine tägliche Entfernung von 180 km zwischen Wohnung und Arbeitsplatz gilt mittlerweile als zumutbar. Neben diesen weiten, oft stressigen Wegen kommen die gestiegenen Leistungsanforderungen, Überstunden und das hektische Betriebsklima hinzu. Kein Wunder, dass viele Arbeitnehmer ihre gesetzliche Altersgrenze zum Rentenbezug nicht mehr erreichen, sondern vorzeitig das Handtuch werfen oder krank werden. Und eines wird dadurch auch

---

3 https://www.n-tv.de/panorama/Zwei-Drittel-fahren-mit-dem-Auto-zur-Arbeit-article22804550.html

ganz deutlich, was der Psychiater Carl Gustav Jung so formuliert hat: „Man kann die zweite Lebenshälfte nicht nach dem Muster der ersten leben." Im Beruf macht sich das besonders bemerkbar.

Herausforderungen in der Lebensmitte

Ein wichtiger Faktor im Berufsleben ist das zunehmende Arbeitstempo. Mein Vater hat vor über 100 Jahren, während des Ersten Weltkriegs, seine Ausbildung in der Metallindustrie begonnen und erzählte mir seinen Spruch vom damaligen Arbeitsrhythmus: „Erster Gang mit Vorgelege ist des Drehers Müh' und Pflege" – die damaligen Drehbänke und Werkstoffe waren auf sehr langsame Geschwindigkeiten ausgelegt. Als er mit fast 70 Jahren, kurz nach dem sogenannten deutschen Wirtschaftswunder, seinen Dienst als Industriemeister quittierte, gab es fast nur noch Hochgeschwindigkeits-Maschinen und Hochgeschwindigkeits-Stahl, um die geforderten Stückzahlen produzieren zu können.

Heute fallen die großen Herausforderungen der Arbeitswelt meist in unsere Lebensmitte – in ein Alter, in dem wir es lieber mal etwas ruhiger angehen lassen. Stattdessen werden viele Arbeitnehmer gerade zwischen 45 und 55 noch einmal ordentlich gefordert. Das kann die Umstellung des Computerprogramms sein oder die Versetzung an einen anderen Arbeitsplatz oder neue Fertigungsmethoden oder die betriebsbedingte Kündigung oder die unerwartete Beförderung, die deutlich mehr Verantwortung mit sich bringt. Das alles kann mich aus der Bahn werfen, ob ich nun als Frau oder als Mann arbeite – das macht hierbei keinen Unterschied.

Die Berufsphasen eines Arbeitnehmers

Im Berufsleben unterscheiden Fachleute verschiedene Phasen; davon möchte ich hier nur eine grobe Einteilung erwähnen, die für unser Thema von Bedeutung ist:

1. Die Ausbildungs-, Lern- und Eintrittsphase
2. Die Aufbau- und Erfahrungsphase
3. Die Orientierungs- und Entscheidungsphase (wie soll es bei mir weitergehen?)
4. Die Identitätsphase (ich bin zufrieden und zur Ruhe gekommen)
5. Die Abgabephase (aktives Aufbauen eines Nachfolgers, Abgeben, Loslassen)

In der Lebensmitte und vor dem Übergang ins Rentenalter befinde ich mich in den Phasen 3, 4 und 5, und die verlangen von mir gewisse Entscheidungen mit großer Tragweite. Außerdem ist es ein Unterschied, ob ich Arbeitnehmer oder Arbeitgeber bin. Als Arbeitnehmer kann ich in vielen Fällen heute nicht mehr von einem ruhigen, gesicherten und festen Arbeitsplatz ausgehen. Gar nicht so selten kommt es vor, dass ein Jüngerer die Arbeit besser oder schneller macht als ich – und schon werde ich abserviert und irgendwo in die hintere Reihe versetzt. Da kann ich dann noch froh sein über dieses Gnadenbrot, denn eine Kündigung wäre deutlich schmerzlicher. In meinem Alter bekommt man auf dem freien Arbeitsmarkt nämlich so schnell nichts mehr.

Wenn ich erst einmal die 50 überschritten habe, lassen meine Leistungsfähigkeit und Spannkraft ohnehin nach; ab und zu machen mir auch Krankheiten zu schaffen – davon bleibt der

Jüngere meist noch verschont. Da kümmert es auch niemanden, dass ich mehr Erfahrungen gesammelt habe und meine Fehlerquote merkbar niedriger ausfällt als bei meinem jungen Kollegen. Dem Chef kommt es in erster Linie auf die Umsätze an.

Es gibt aber auch gegensätzliche Erfahrungen: Ich liefere gute Arbeit ab, die anerkannt wird; mein kleines Team ist erfolgreich, und eines Tages steht der Chef vor meinem Schreibtisch: „Ich suche einen neuen Abteilungsleiter, wären Sie bereit?" Jetzt ist Bedenkzeit wichtig, vorschnelle Entscheidungen können später schmerzlich sein. Ich muss gut abwägen: Soll ich die Beförderung wirklich annehmen, einschließlich der damit verbundenen Mehrarbeit und der Anstrengung, mich gegen die junge Konkurrenz durchzusetzen? Die Gehaltserhöhung könnte ich im Moment gut gebrauchen, die Kinder sind in der Ausbildung, und unser Familienauto müsste auch erneuert werden. Oder soll ich ganz auf den Posten verzichten und lieber ein ruhiges Leben führen?

Bei meinem Nachbarn sieht das völlig anders aus: Er muss sich Gedanken machen, ob er sich jetzt, mit 54 Jahren, nach dem Konkurs seiner Firma noch einen neuen Arbeitsplatz suchen und wieder ganz neu anfangen soll. Jeder von uns beiden hat die Chance, die zukünftigen Jahre sinnvoll und mit Gottes Hilfe zu planen: Reicht das Finanzpolster aus, oder bin ich gezwungen, mehr zu verdienen? Oder können wir bescheiden und damit zufriedener leben lernen? Ach ja, Gottes Hilfe – die hätte ich fast vergessen: die Familie, die Freunde, der Hauskreis, sie alle könnten jetzt mit uns für eine gute und sinnvolle Entscheidung beten.

Irgendwann kommt ohnehin der Zeitpunkt, vom Berufsleben Abschied zu nehmen: Ich bin in der Phase 5 angekommen. Wenn alles sehr gut läuft, wird meine Pensionierung von meinen Vorgesetzten im Betrieb aktiv begleitet. Das bedeutet, dass ich schon zwei bis drei Jahre vorher über mein Ausscheiden und meinen Nachfolger reden kann. Idealerweise arbeite ich ihn langsam ein und kann mich in den letzten Monaten vom Tagesgeschäft langsam zurückziehen. In einigen alteingesessenen mittelständischen Unternehmen habe ich es oft erlebt, dass dann der langjährige Mitarbeiter mit einer großen Feier verabschiedet wurde und sein Andenken noch lange in der Abteilung lebendig blieb. Es gibt kaum einen besseren Abschluss des Arbeitslebens, als danach immer noch ein gern gesehener Gast bei den ehemaligen Kollegen und bei Betriebsfeierlichkeiten zu sein. Dann fällt es mir leichter, loszulassen und abzugeben.

Allerdings ist ein solch versöhnliches Ende leider nicht allen vergönnt, da gibt es auch das sang- und klanglose Verlassen des Werksgebäudes, wobei keiner winkt oder anschließend fragt: „Wie geht's denn so?" Soweit es an mir als Arbeitnehmer liegt, sollte ich alles daransetzen, einen positiven Abgang zu haben und einen guten Eindruck zu hinterlassen. Das wäre ein sehr wichtiger Faktor für meine innere Zufriedenheit und spätere Dankbarkeit als Rentner.

Überhaupt muss dieser Übergang gut vorbereitet werden. Wenn ich mich nur auf Spaziergänge, Ausschlafen und Einkaufsbummel freue, werde ich sehr bald eine innere Leere spüren, die meine Stimmung schnell auf den Nullpunkt sinken lässt. Glücklicherweise gibt es eine große Palette an Möglichkeiten, um meinen Rentneralltag sinnvoll zu füllen. Die nachfolgende Liste kann nahezu beliebig erweitert werden; der persönlichen Fantasie sind keine Grenzen gesetzt:

- Ein reiches Betätigungsfeld findet der, der ein eigenes Haus mit Garten besitzt.

- Eine Ergänzung, aber nie die Hauptbeschäftigung, kann ein Hobby sein (Modellbahn, Sport, Lesen, Musik usw.).

- Und bitte bei allem die Pflege der eigenen Ehe nicht vergessen (siehe das Ehe-Kapitel)!

- Kinder und Enkel bringen zusätzlich Abwechslung ins Leben.

- Ein kleiner Nebenjob ist möglich: Bürgerbus fahren, als Apothekenkurier anheuern, Nachhilfestunden geben usw.

- Gemeinsame Reisen und Besuche können in Ruhe geplant werden.

- Alte Freundschaften gilt es aufzufrischen.

- Das größte Betätigungsfeld ist das Reich Gottes: Hilfsaktionen aller Art, Krankenbesuche, Verwaltungsaufgaben, handwerkliche Arbeiten (die Mitarbeit beim Bau eines neuen Gemeindehauses hat mir trotz fehlender Erfahrung riesig viel Freude bereitet!) – und vieles mehr.

- Wer gern ins Ausland fährt: Vermittlung durch die Organisation „Christliche Fachkräfte International", seit 2021 „Coworkers"[4].

---

4 https://coworkers.de/

- Oder die Mitarbeit in einer Missionsgesellschaft oder einer caritativen Einrichtung wie dem Anden-Krankenhaus „Diospi Suyana“[5].

- Das persönliche Bibelstudium ist in den letzten Jahren zu kurz gekommen, da gibt es Nachholbedarf.

- Ehrenamtliche Tätigkeiten außerhalb der christlichen Gemeinde (z. B. im Heimatverein) können Türöffner für das Evangelium sein.

- Und warum sollte man sich als Rentner nicht noch weiterbilden? Bei den Volkshochschulen findet man ein reichhaltiges Angebot: Kochkurse, Sprachen, Naturexkursionen usw.

Wichtig ist, dass ich mich schon vor meinem Abschied vom Arbeitsplatz um eine sinnvolle Tätigkeit gekümmert habe. Wenn ich erst einmal in das tiefe Loch des Nichtstuns hineingefallen bin, fällt es mir umso schwerer, mich wieder aufzurappeln. Durch vorbeugende Planung kann ich den Rentnerschock und die damit verbundene depressive Stimmung im Allgemeinen vermeiden.

Besondere Probleme bei Selbstständigen

Ein Arbeitgeber durchlebt die Phasen 3, 4 und 5 seines Arbeitslebens anders als der Arbeitnehmer. Schon sehr früh stellt sich

5 https://www.diospi-suyana.de/mitarbeiter-gesucht/

bei Ersterem die Frage nach einem Nachfolger. Denn neue Investitionen und Umstrukturierungen im Betrieb sollten tunlichst mit der nächsten Generation abgestimmt werden, die muss schließlich mit den Folgen zurechtkommen. In meiner Arztpraxis ergab sich z. B. das Problem, dass ich mit etwa 55 Jahren vor die Wahl gestellt war, entweder ca. 50.000 € in eine neue Ausrüstung zur Video-Endoskopie zu investieren oder diese Untersuchungserlaubnis an einen jüngeren Kollegen in einer anderen Praxis abzutreten. Weil für mich kein Nachfolger in Sicht war, habe ich schweren Herzens auf diese für mich sehr interessante Tätigkeit verzichtet und keine neuen Schulden gemacht. Mein jüngerer Kollege in der Nachbarschaft war mir sehr dankbar, als er meine Konzession übernehmen konnte. Das hat die Kollegialität sehr positiv beeinflusst.

In Familienunternehmen ist die Nachfolgefrage scheinbar leichter zu beantworten. Da steht meist Sohn oder Schwiegertochter oder Enkel zur Verfügung. Aber was passiert, wenn es zwischen den Generationen gewaltig kracht und der eine nicht mit dem anderen zurechtkommt? Da ist es manchmal einfacher, wenn ein fähiger Mitarbeiter von außen eingestellt wird, der als Nachfolger herangebildet werden kann. Es kommt aber gar nicht selten vor, dass ein Seniorchef bis ins hohe Alter die Zügel straff in der Hand hält und keinen Jüngeren neben sich duldet. Das kann gut gehen, kann aber auch große Probleme mit sich bringen. Weise Männer legen die Nachfolge in Gottes Hand, benutzen ihren Sachverstand, holen Rat ein und lassen sich führen.

Ähnliches gilt für die Leitung christlicher Werke und Gemeinden. Wenn da die Führungsnachfolge nicht früh und klar geregelt wird, kann es zu schweren Verwerfungen kommen. Das habe ich selbst mehr als einmal erleben müssen. Der Sache Gottes und dem Bild nach außen hat es immer geschadet, auch wenn durch Gottes Gnade das Werk weiter bestehen blieb. Allzu leicht wurde das, was ein begabter Mensch mit Gottes Hilfe aufgebaut hatte, durch sein eigenes Versagen im Zusammenhang mit der Nachfolge teilweise wieder zerstört. Loslassen und Abgeben sind offensichtlich viel schwierigere Aufgaben als der Aufbau eines großen Werkes.

Was sagt die Bibel?

Ein Berufsleben, wie wir es kennen, mit Ausbildung, Arbeitsstelle, Karriere und Altersruhegeld, war den Menschen der Bibel eher fremd. Es gab keine Jobbörse, keine Arbeitslosenversicherung und keine betriebliche Altersversorgung. Auch damals mussten die Leute hart arbeiten, wahrscheinlich stundenmäßig mindestens so viel wie heute. Sie waren also nicht faul, und es scheint so, dass sie zu biblischen Zeiten überwiegend die Arbeiten aufgriffen, die ihnen vor die Füße gelegt bzw. in die sie hineingeboren wurden. Land- und Viehwirtschaft spielten eine große Rolle, und der Familienbesitz wurde hoch in Ehren gehalten. Da verstand es sich von selbst, dass der Sohn des Weinbauern auch Winzer wurde, der Nachkomme des Herdenbesitzers lernte, Tiere zu hüten, und die einzige Tochter des Landwirts musste unbedingt einen Bauern heiraten, damit die Güter der Vorfahren für die Sippe erhalten blieben. In den gebildeten Familien der Schriftgelehrten, Priester und Leviten konnten die Söhne eine Thoraschule besuchen, mussten aber manchmal auch noch einen Beruf zum Broterwerb ergreifen (wie z. B. Paulus, der Zeltmacher gelernt hatte). Die arme Bevölkerungsschicht war darauf angewiesen, sich als Tagelöhner und Erntehelfer durchzuschlagen. Außerdem gab es zu allen Zeiten die fast rechtlosen Sklaven, die sich natürlich ihren Job auch nicht aussuchen konnten.

So kommt es, dass weder im Alten noch im Neuen Testament typische Berufskarrieren zu finden sind – die Regierenden, Könige und Priester vielleicht ausgenommen. Solche herausragenden Stellungen wurden dann auch möglichst innerhalb der Familien weitervererbt, was teilweise sogar den Anweisungen Gottes entsprach (wie bei Priestern, Leviten und dem Königshaus in Juda). Allerdings sind diese Spitzenpositionen nicht mit dem heutigen Berufsleben vergleichbar.

In Bezug auf das Berufsleben können wir also nur wenig von den biblischen Vorbildern lernen. Im Alten Testament hat nur ein einziger treuer Diener Gottes, nämlich **Mose,** seine Nachfolge konsequent und vorbildlich mit Gottes Hilfe geregelt; und nach diesem Muster können auch heute noch Führungspersönlichkeiten herangebildet werden. Zunächst zu Mose selbst: Er war ein echter Karrieremensch, allerdings aus der Kaderschmiede Gottes, und die arbeitete anders als die heutigen Eliteschulen:

Seine Ausbildungsphase dauerte ungewöhnlich lange und umfasste zwei Abschnitte, ehe der Berufseintritt folgte:

- 40 Jahre Unterricht und Studium am Hof des Pharaos, Fächer: Staatslehre und Orientalistik;

- 40 Jahre Ausbildung in der Schule Gottes, einsam und naturnah, Fächer: Theologie, Biologie und Anthropologie;

- erst danach – im Alter von 80 Jahren – Einstieg in den Beruf und anschließend 40 Jahre lang Leitung und Management eines gigantischen Großunternehmens mit über zwei Millionen Beschäftigten.

Solche Ausnahme-Karrieren gibt es nur im Jobcenter Gottes!

Auch an der Spitze des Unternehmens war Mose seine Position nicht zu Kopf gestiegen; er nahm immer noch gern Rat von außen an: Als sein Schwiegervater Jitro einige Schwachpunkte in seinem Management entdeckte, setzte Mose bereitwillig dessen Ratschläge um (siehe 2Mo 18). Von Anfang an verpasste er auch nicht die Gelegenheit, sich systematisch einen Nachfolger aufzubauen. Es war **Josua, der Sohn Nuns.** Der musste sich zunächst im Kampf gegen Amalek bewähren (2Mo 17); erst danach nahm Mose ihn mit in den innersten Zirkel der Macht, auf den Berg Gottes, den Sinai (2Mo 24,13).

Von diesem Zeitpunkt an war Josua der engste Berater seines Anführers und „blieb ständig im Zelt" Gottes (2Mo 33,11). Er lernte also aus nächster Nähe unter bester Anleitung und wurde in alle Führungsüberlegungen miteinbezogen. Sein jugendliches Alter zu dieser Zeit: etwa 45 Lenze, für die damaligen Verhältnisse noch „blutjung". Er brachte aber auch unendlich viel Geduld auf: 40 Jahre Lehrzeit lagen noch vor ihm, und immer wieder traten bei der Führung des Volkes schwerste Krisen und Rückschläge auf. Ein „normaler" Nachfolger hätte längst das Handtuch geworfen und wäre ausgestiegen – nicht so Josua. Er musste geduldig in zweiter Reihe aushalten, verlor aber nie das Vertrauen in Gottes Führung, auch nicht, als sich bei der Beurteilung des Landes Kanaan fast alle gegen ihn wandten (4Mo 14).

Es dauerte noch einmal etwa 36 Jahre, bis Mose ihn auf Gottes Befehl hin offiziell als seinen Nachfolger vor dem ganzen Volk Israel einführte (4Mo 27). So lange würde heute kein Juniorchef warten, höchstens wenn er Thronfolger im englischen Königshaus werden könnte.

Niemals wieder in der Geschichte Israels gab es eine so perfekte Nachfolgeregelung, auch Josua selbst versagte dabei. Bei König David kam es unter dessen Söhnen zu Mord und Totschlag, und auch später gab es praktisch keinen geordneten Übergang mehr bei den Regierungsgeschäften. Treue Männer Gottes können also nur von Mose lernen.

Im Neuen Testament gibt es eine Reihe von geistlichen Nachfolgern, die uns als Vorbilder dienen. Dazu gehören in erster Linie die Mitarbeiter des Apostels Paulus: Barnabas, Silas, Timotheus, Titus, Lukas und andere. Auch wenn es zwischen Barnabas und Paulus zu Beginn der zweiten Missionsreise ordentlich gekracht hat, so ist Barnabas doch einer der treuesten Männer des NT. Wenn wir die Briefe des Paulus aufmerksam verfolgen, hat sich sein Verhältnis zu Barnabas und zu dessen Neffen Johannes Markus wieder deutlich verbessert („Ich könnte ihn hier gut gebrauchen“; 2Tim 4,11). Von diesem großen Mitarbeiterstab können wir Folgendes lernen: Sie alle begleiteten Paulus auf seinen Missionsreisen, lernten im harten Alltag von ihm, gingen mit ihm (wie man so sagt) durch dick und dünn und wurden früher oder später mit selbstständigen Aufgaben betraut, die sie auch ohne ihren Mentor bewältigen mussten. Dieses Prinzip lässt sich gut auf die heutige Zeit übertragen; nur wird es leider allzu selten praktisch durchgeführt.

Ein letzter biblischer Hinweis: Paulus schreibt Grundsätzliches zur inneren Haltung bei der Arbeit, sowohl für Arbeitnehmer als auch für Arbeitgeber:

Ihr Sklaven, gehorcht euren irdischen Herren in allem und nicht nur, wenn sie euch zusehen. Tut es nicht, um euch anzubiedern, sondern aus ehrlicher Überzeugung und in Ehrfurcht vor eurem himmlischen Herrn! Bei allem, was ihr tut, arbeitet von Herzen, als würdet ihr dem Herrn dienen und nicht den Menschen! Ihr wisst ja, dass ihr vom Herrn mit dem himmlischen Erbe belohnt werdet. Ihr dient doch Christus, dem Herrn! Wer jedoch Unrecht tut, wird den Lohn für sein Unrecht erhalten; da wird niemand bevorzugt. Ihr Herren, behandelt eure Sklaven fair und gerecht. Denkt daran, dass auch ihr einen Herrn im Himmel habt! (Kol 3,22–4,1)

Diese Grundsätze gelten in jeder Phase meines Arbeitslebens, auch am Ende und bei der Übergabe in jüngere Hände.

Was kann ich tun?

Wie bereits erwähnt, müssen in den Arbeitsphasen der zweiten Lebenshälfte teilweise weitreichende Entscheidungen getroffen werden. Das gilt sowohl für Arbeitnehmer als auch für Arbeitgeber, sowohl für Männer als auch für Frauen (auch besonders für die, die bisher als Hausfrauen und Mütter Großartiges geleistet haben). Zu den wichtigsten Schritten gehört es, dass ich mich diesen Entscheidungen auch stelle und sie nicht verdränge. Es ist manchmal besser, eine falsche Entscheidung zu treffen als gar keine; lieber lasse ich mich später von meinem Vater im Himmel korrigieren, als ins Ungewisse hineinzuleben und mich dann unsicher und unglücklich zu fühlen.

Beginnen wir mit **Phase 3,** die ja auch Orientierungs- und Entscheidungsphase heißt: Zwischen 45 und 55 muss ich Bilanz ziehen. Bin ich mit dem bisher Erreichten zufrieden? Habe ich mich immer von Gottes Geist führen lassen, oder muss ich eigenwillige Wege korrigieren? Kann ich jetzt schon dankbar zurückblicken, oder habe ich viele geplante Ziele verfehlt? Die beste Möglichkeit ist es, diese Fragen im Gebet vor Gott auszubreiten und auch den Ehepartner einzubeziehen. Die Entscheidung kann prinzipiell in zwei Richtungen gehen: Es ist alles okay, ich mache weiter wie bisher – oder ich setze jetzt alles daran, noch das zu erreichen, was mir bisher verwehrt geblieben ist (z. B. eine Tätigkeit mit einem ganz anderen Schwerpunkt, mit größeren Herausforderungen, mit Beförderung usw.). Mit 55 ist es für solch ein Umschwenken im Allgemeinen fast schon zu spät, diese Entscheidung muss früher fallen! Wichtig ist nur, dass ich mir sage: **Diese Sache muss ich jetzt klären,** ich darf sie nicht vor mir herschieben!

Manchmal werde ich auch an meinem Arbeitsplatz zu einer Entscheidung gezwungen. Hier ist ein erlebtes Beispiel dazu: Ein intelligenter, fleißiger Christ hatte sich an seinem Arbeitsplatz in dem mittelständischen Technik-Unternehmen eine gute Stellung erworben, er verdiente gut und konnte für seine Familie mit viel Eigenleistung ein hübsches Eigenheim bauen; natürlich mussten sie bei vier Kindern mit dem einzigen Einkommen des Vaters sparsam umgehen. Wegen seiner guten Leistungen und zuverlässigen Arbeit bekam der Ehemann eines Tages das Angebot, Abteilungsleiter mit deutlich höherem Einkommen zu werden. Wer von uns hätte da nicht sofort JA gesagt und zu Hause stolz von der Beförderung erzählt – ganz abgesehen von dem zusätzlichen Geld, das die Familie gerade jetzt gut gebrauchen konnte.

Die Verlockung war auch für den gläubigen Christen groß, und doch besaß er genug Selbstdistanzierung, um die Sache einmal von außen zu betrachten: Mehr Verantwortung in der Firma würde zusätzliche Belastungen bedeuten, mehr Überstunden und wahrscheinlich mehr Ärger. Er wollte aber auch gern für seine Frau, seine Kinder und für Gottes Aufgaben in der Gemeinde Zeit und Kraft haben. Also stellte er die materiellen Ansprüche zurück, begnügte sich mit dem, was vorhanden war, und verzichtete auf die Beförderung und die Mehreinnahmen. Dann geschah etwas, womit niemand gerechnet hatte. Wenn Gott gerecht war, musste er doch jetzt eigentlich sein Kind hier auf der Erde für die weisen Entscheidungen belohnen.

Aber es passierte genau das Gegenteil: Unser Freund wurde hintereinander von zwei sehr schweren Krankheiten heimgesucht, die jede für sich zum Tod oder zu lebenslangem Invalidendasein hätte führen können. Es folgten lange Zeiten der Arbeitsunfähigkeit; die erhöhten Belastungen als Abteilungsleiter hätte er mit diesen Krankheiten nie bewältigen können. Aber man merkte weder ihm noch seiner Ehefrau Verbitterung oder Enttäuschung an. Sie waren zwar bedrückt, beklagten sich aber nicht, sondern hielten an ihrem Glauben fest und wurden schließlich belohnt. Beide Krankheiten heilten fast vollständig aus. Es waren tatsächlich Wunder Gottes, die im Leben dieser Menschen geschahen. Beide gingen mit gestärktem Glauben und mutiger Seele aus dieser schweren Zeit hervor.

Die Phase 4 kann, wenn das Arbeitsklima gut ist und die äußeren Bedingungen stimmen, die ruhigste Zeit meines Arbeitslebens sein. Voraussetzung ist, dass ich zufrieden bin mit dem Erreichten, keine weiteren Ambitionen habe und mich über viele kleine Geschenke Gottes im Alltag freuen kann: Ich habe einen liebevollen Ehepartner, die Kinder bereiten wenig Sorgen; Haus, Wohnung und Garten können wir gut in Ordnung halten; es ist immer wieder schön, nachmittags von der Arbeit in ein friedliches Heim zu kommen. Ich gehe jetzt so langsam auf die Rente zu und sehe die Notwendigkeit, mich aktiv auf das Rentnerdasein vorzubereiten: eine sehr wichtige Aufgabe!

Damit habe ich schon **Phase 5** erreicht, in der es um das Abgeben und Loslassen geht. Damit ich nicht anschließend in ein Vakuum stürze, brauche ich dringend neue Aufgaben. Weiter vorne habe ich bereits eine unvollständige Liste von Möglichkeiten zusammengestellt. Es kann gar nicht oft genug betont werden, dass jeder angehende Rentner sich frühzeitig Gedanken machen **muss,** womit er nach seiner Pensionierung den Tag sinnvoll füllen will. Ein geordneter Tagesablauf mit den entsprechenden Rahmenzeiten muss her: Aufstehen (Wecker), Badezimmer, Frühstück (wer bereitet das vor?), neue Aufgaben vormittags, Ehrenamt nachmittags usw.

Wer hier das Planen versäumt, steht in großer Gefahr, einen „Rentnerschock" zu erleiden: Die Ehefrau wird beim Kochen, Putzen und Einkaufen kontrolliert; von der Couch aus und mit der Zeitung vor der Nase werden Regieanweisungen verteilt, die niemand haben will. Die depressive Stimmung sinkt auf den Nullpunkt, und schließlich hat sich die Vorfreude auf das Rentnerdasein in Wohlgefallen aufgelöst. Viele werden sogar echt krank. Forscher stellten fest, dass Frührentner häufiger an einem Herzinfarkt, einer Hirnblutung oder anderen Herz-Kreislauf-Erkrankungen sterben als gleichaltrige Menschen im Beruf. Ursachen sind meist der Bewegungsmangel, die Ernährungsumstellung und der Frustrations-Stress, den man nicht unterschätzen darf. Diese Zusammenhänge konnte ich auch in der eigenen Arztpraxis beobachten. All das unterstreicht, wie wichtig ein aktiv geplanter Rentner-Werktag ist. Das große Aufatmen nach der Rente soll ja nicht zum letzten Ausatmen werden.

Der Selbstständige oder Arbeitgeber hat ähnliche Sorgen und muss sich darüber hinaus noch um seine **Nachfolge und die Übergabe** kümmern. Hier sind noch einmal die wichtigsten Punkte zusammengefasst:

- Früh genug einen Nachfolger suchen, je nach Arbeitsbereich drei oder sechs oder sogar zehn Jahre vor dem Ausscheiden.

- Die betreffende Person systematisch „aufbauen" und einarbeiten (Vorbild: Mose und Josua).

- Die feste Willensentscheidung treffen, tatsächlich zurückzutreten und abzugeben (ist leichter gesagt als getan!).

- Klare Übergaberegeln vereinbaren.

- Schrittweise innerhalb einer überschaubaren Zeit die Führungsaufgaben übergeben (kein quälend langer Prozess!).

- Zu einem festgelegten Zeitpunkt den Betrieb tatsächlich verlassen, möglichst kein Büro auf der Chefetage behalten.

- Kontrollzwang und Besserwisserei zurückhalten und Ratschläge nur dann erteilen, wenn man direkt gefragt wird.

- Möglichst frühzeitig ein anderes aktives Betätigungsfeld vorbereiten (z. B. als externer Berater in anderen Unternehmen), um nicht dem Gefühl der Bedeutungslosigkeit zu erliegen.

Wenn mir als Unternehmer (auch in christlichen Werken) ein harmonischer Übergang gelingt, kann ich Spuren des Segens hinterlassen. Dann gilt das, was der Schreiber des Hebräerbriefs für geistliche Führer geschrieben hat, auch im säkularen Bereich (Hebr 13,7; ELB):

> *Gedenkt eurer Führer, die das Wort Gottes zu euch geredet haben! Schaut den Ausgang ihres Wandels an, und ahmt ihren Glauben nach!*

Mein Lebenswerk wird von der Nachwelt in erster Linie danach beurteilt, wie nach Abschluss und Übergabe meiner Arbeit die Ergebnisse aussehen.

8.
Ehrenamt und Gemeinde

Der frühere Bremer Bürgermeister Dr. Henning Scherf veröffentlichte 2009 zwei Bücher mit den Titeln „Das Leben bleibt bunt" und „Gemeinsam statt einsam". Darin beschreibt er die Bedeutung ehrenamtlicher Tätigkeit – sowohl für die Gesellschaft als auch für den Helfenden selbst. Auch der älter werdende Mensch sucht herausfordernde Aufgaben und will gern gebraucht werden. Statistisch gesehen betätigen sich ca. 40 % aller Deutschen über 14 Jahre in einem Ehrenamt. Das ist eine seit Jahren stabil hohe Zahl, zu der auch sehr viele Senioren ihren Anteil beitragen. Henning Scherf berichtet sogar von 50 % aller 60-Jährigen, die ehrenamtlich tätig sind. Viele Versorgungsbereiche würden zusammenbrechen, wenn es keine Ehrenamtler gäbe, z. B. bei der Freiwilligen Feuerwehr, beim DRK, in der Nachbarschafts- und Flüchtlingshilfe, bei den zahllosen Tafeln im ganzen Land und auch in den Kirchen. Die EKD (Evangelische Kirche in Deutschland) hatte 2019 20,2 Mio. Mitglieder, durchschnittlich 683 000 Gottesdienstbesucher pro Woche, und es gab 241 000 hauptamtliche Mitarbeiter und 1,068 Mio. Ehrenamtler, also mehr Menschen, die mitarbeiteten, als solche, die regelmäßig in den Gottesdiensten gezählt wurden.

Am höchsten ist die Zahl der freiwilligen Helfer in den Freikirchen. Fast 60 % aller Mitglieder sind hier aktiv.[6]

---

6 Umfrage 5. Deutsches Freiwilligensurvey, IDEA-Nachricht vom 30.06.2022

Und falls jemand gar keine Idee haben sollte, wo er sich betätigen kann, gibt es für ihn in jedem Bundesland Agenturen, an die er sich wenden kann.[7]

Nicht umsonst wird das Ehrenamt öffentlich stark gefördert. Die Hilfsorganisationen, die gesamte Gesellschaft und der Staat haben ihren Nutzen davon, und auch jeder Helfende ganz persönlich. Denn diese Arbeiten stärken die Persönlichkeit, verbessern die sozialen Bindungen und die soziale Kompetenz; zusätzlich sammelt jeder Tätige private Erfahrungen, trainiert seine Fähigkeiten und lernt dazu. Sich für andere einzusetzen hält zudem die eigene Seele gesund. Mehrere Untersuchungen bestätigen, dass Hilfsbereite signifikant weniger mit Ängsten und Depressionen zu kämpfen haben. Der Grund liegt darin, dass sie sich weniger um sich selbst drehen.

Der größte Nutzen liegt aber im geistlichen Bereich, wenn ich mich gemeinsam mit anderen Christen irgendwo im Reich Gottes betätige. Die Gemeinschaft unter Christen wird gefördert, wir bereichern uns gegenseitig und sammeln geistliche Erfahrungen, die ein gutes Gegengewicht bilden gegen die Gefahren der Vereinsamung und des Individualismus.

Außerdem gilt allen Aktiven die Seligpreisung der Bergpredigt ***„Glückselig die Barmherzigen, denn ihnen wird Barmherzigkeit widerfahren“*** (Mt 5,7; ELB). Das haben schon viele erfahren: Wer bereit ist, sich für andere einzusetzen, der erfährt selbst sowohl vom Vater im Himmel als auch von den Menschen barmherzige Zuwendung, wenn er in Not ist.

---

7 Die Dachorganisation: Bundesarbeitsgemeinschaft der Freiwilligenagenturen e. V., Potsdamer Str. 99, 10785 Berlin, Tel.: 030–20 45 33 66 (https://bagfa.de/)

Herausforderungen in der Lebensmitte

Nach diesem Loblied auf das Ehrenamt werden Sie in Ihrer Lebensmitte vielleicht nachdenklich den Kopf schütteln und leise flüstern: „Aber nicht für mich! Ich bin noch so sehr eingespannt im Beruf, mir bleibt keine freie Minute, auch wenn ich gern wollte." Das mag bei einigen durchaus zutreffen; trotzdem sollte sich jeder solch ein absolutes NEIN sehr gut überlegen. Meist entdeckt man bei genauer Überprüfung doch kleine zeitliche und kräftemäßige Lücken. Wer dann wirklich etwas sucht, der kann dafür beten, sich umsehen und warten, bis er das Richtige findet; denn die Auswahl an Möglichkeiten ist sehr, sehr groß.

Meine selbst erlebten Beispiele sollen kein leuchtendes Vorbild sein, ich will mich auch nicht damit rühmen. Denn meinen ehrenamtlichen Initiativen lag keinerlei systematische Planung, nicht einmal eine Suche oder ein Gebet zugrunde. Jede Aufgabe wurde mir – wie man so sagt – rein zufällig vor die Füße gelegt. Dass Gott einen Plan damit verfolgte, steht allerdings außer Zweifel. Ich wurde durch die eigene größer werdende Arztpraxis mit Not- und Nachtdiensten immer stärker in Anspruch genommen und hatte schließlich eine Wochenarbeitszeit von 60 bis 70 Stunden. Damals stellte ich einmal eine möglichst realistische Zeitanalyse auf:

Arbeitszeit	70 Std. pro Woche
Schlaf, Körperpflege, Essenspausen: tägl. 10 Std.	70 Std. pro Woche

Geistliches Leben, Gottesdienste: wochentags 1 Std., sonntags 4 Std.	10 Std. pro Woche
Ruhe, Entspannung: tägl. 1 Std.	7 Std. pro Woche
Insgesamt	157 Std. pro Woche

Mir blieben also pro Woche etwa 11 Stunden zur freien Verfügung, die hat mein Vater im Himmel dann auf seine Weise gefüllt. Zuerst ergab sich ein Kontakt zu jungen Menschen aus christlichen Gemeinden, die gern zu uns kamen. Innerhalb von einem Jahr entstand eine umfangreiche Jugendarbeit: An jeweils einem Sonntag im Monat kamen 60 bis 80 Jugendliche in unser recht großes Haus. Es gab Kaffee und Kuchen, einen Chor, jeweils einen Einsatz im Krankenhaus oder im Altenheim oder in der Fußgängerzone oder einen Spaziergang, dann zu Hause Bibelarbeit in acht bis zehn Kleingruppen oder ein Bibelquiz, gemeinsame Diskussionen und ein fröhliches Abendessen, Ende gegen 22 Uhr. Kuchen und Salate wurden meist mitgebracht, Klappstühle, Tische und Räumlichkeiten waren ausreichend vorhanden. Die Bibelarbeiten habe ich damals noch für die einzelnen Gruppen handschriftlich vorbereitet und kopiert (PC gab es ja noch nicht!). Etwa zwölf Jahre lang haben meine Frau und ich dieses Angebot aufrechterhalten. Noch heute hören wir immer wieder positive Rückmeldungen von den damaligen Teilnehmern, und wir selbst wurden durch diese Sonntage ungemein bereichert.

Ohne dass ich die folgende Arbeit gesucht hätte, ergab sich durch seelsorgerliche Anfragen und durch meine Zusatzausbildung ein Kontakt zum Weißen Kreuz, der schließlich zu einer etwa 20 Jahre dauernden ehrenamtlichen Mitarbeit, zuletzt im Vorstand des Werkes, führte. Wenn ich vorher gewusst hätte, welche Herausforderungen und Belastungen mit dieser Verantwortung verbunden waren, hätte ich mit Sicherheit dankend abgewunken. Aber Gott hat mir die Sache ebenfalls vor die Füße gelegt und sie trotz aller Probleme gesegnet. Ich war mit vielen Fragen und Problemen in der Leitung des Werkes hoffnungslos überfordert; wenn nicht mein HERR über mir Regie geführt hätte – es hätte eine krachende Niederlage nach der anderen gegeben. Und das Erstaunliche geschah in der gesamten Zeit, in der ich viele zusätzliche Stunden leisten musste: Ich habe nie irgendeinen Mangel gehabt! Eine entscheidende Voraussetzung war die Tatsache, dass meine liebe Frau an allen Entscheidungen beteiligt war, dass sie voll dahinterstand und wir auch immer regelmäßig dafür gebetet haben.

Einige Jahre vor meiner Pensionierung wurde ich dann durch eine Entwicklung in unserer früheren Gemeinde in ein Team hineingezogen, das sich mit einer Gemeinde-Neugründung beschäftigte. Auch diese Aufgabe hatte ich nicht gesucht oder geplant. Aber sie stand erneut unter dem erkennbaren Segen Gottes. Wir machten viele wertvolle Glaubenserfahrungen und konnten schließlich mit Gottes Hilfe im Nachbarort, wo keine freikirchliche Gemeinde bestand, mit viel Eigenleistung ein schönes Gemeindehaus bauen. Das Wichtigste aber war, dass durch verschiedene Aktivitäten und vor allem durch das Wirken Gottes immer wieder Menschen zu der neuen Gemeinde hinzukamen.

Diese eigenen Erlebnisse machen deutlich, dass man auch bei einem anstrengenden Beruf und ohne erkennbare Zeitreserven ehrenamtliche Aufgaben im Reich Gottes annehmen kann, auch wenn es nur in der zweiten oder dritten Reihe und in geringem Umfang ist. Sobald man Rentner ist, kann man dann mit großer Freude mehr Arbeiten übernehmen. Die Grundlage ist ja gelegt! Wer sich so auf seine neuen Freiräume vorbereitet, braucht keine Angst vor dem erwähnten Rentnerschock zu haben.

Was sagt die Bibel?

Gottes Wort kennt den Begriff „Ehrenamt" nicht, wohl aber die Worte „Gemeinde" und „dienen", was letztlich auf dasselbe hinausläuft.

Trotzdem ist es sinnvoll, die Bibel einmal daraufhin zu untersuchen, wie die Arbeiten in den ersten Gemeinden geregelt waren.

Als einige von den Aposteln nach der Auferstehung Jesu am See Genezareth zusammensitzen, sagt Petrus zu den übrigen sechs anwesenden Jüngern: „Ich gehe fischen." Und alle anderen schließen sich ihm an (Joh 21,3). Sie wollen ihre frühere Tätigkeit wieder aufnehmen. Von irgendetwas müssen sie ja leben. Im weiteren Verlauf, nach dem gemeinsamen Frühstück, macht ihnen Jesus jedoch sehr deutlich, dass er andere Aufträge für sie hat und das Fischerhandwerk ab sofort der Vergangenheit angehört. Er hatte ihnen zwar schon kurz vorher einen eindeutigen Auftrag gegeben („‚Wie der Vater mich gesandt hat, sende ich nun euch.' Dann hauchte er sie an und sagte: ‚Empfangt Heiligen Geist!'"; Joh 20,21-22), aber das hatten sie offensichtlich schnell wieder vergessen. Wir Menschen sind eben sehr vergesslich, wenn es um schwierige Aufgaben geht ...

Seinen Missionsauftrag muss Jesus übrigens noch mehrmals wiederholen, bis sein Team die Sache vollständig verinnerlicht hat.

Über ihre Besoldung wird dabei kein Wort verloren. Schon während ihrer dreijährigen Tätigkeit als Wanderprediger hatte sich das alles wie von selbst geregelt. Sie können davon ausgehen, dass Jesus auch jetzt wieder eine Lösung hat. Nach seiner Himmelfahrt erhöht sich die Zahl seiner Anhänger in Jerusalem rasch auf etwa 120, und wenige Tage später ist dann die Geburtsstunde der Gemeinde, als der Heilige Geist auf die Erde kommt. Über Geld und Vergütung wird immer noch nicht geredet, es gibt eben weit wichtigere Dinge zu regeln.

Schon nach einigen Wochen löst sich das Problem der finanziellen Versorgung (wir hätten es wahrscheinlich als Problem angesehen, damals war es wohl kaum jemandem bewusst): Es entsteht spontan eine Kommune, in der jeder seinen möglichen materiellen Beitrag in einen großen Topf wirft und alle daraus versorgt werden. Hananias und seine Ehefrau Saphira sind die Ersten, die nicht ganz ehrlich mit dieser Lösung umgehen und prompt von Gott bestraft werden, sogar mit dem Tod; so ernst nimmt Gott unter Christen den heuchlerischen Umgang mit Geld! Dass die Gemeinde in Jerusalem ein paar Jahre später in finanzielle Not gerät, führen manche auf diese Anfangsphase zurück. Ich möchte mir kein Urteil darüber erlauben.

Das heikle Thema von Geld und Finanzen scheint damals eine weit untergeordnete Rolle zu spielen; jedenfalls verliert die Bibel praktisch kein Wort darüber. Nur als einige Witwen bei der Versorgung vergessen werden und Mangel leiden, werden zusätzliche diakonische Dienste eingerichtet, die auf ehrenamtlicher Basis für eine gerechte Verteilung sorgen. Übrigens entwickeln sich zumindest zwei dieser Diakone (Stephanus und Philippus) zu sehr begabten Evangelisten und Predigern – ein gutes Beispiel dafür, dass man mit einfachen Aufgaben beginnen und durch Gottes Geist zu größeren Taten geführt werden kann.

Ehrenamtliche Tätigkeiten findet man in den jungen Gemeinden auch bei den Frauen: In Apostelgeschichte 9 wird von einer tüchtigen **Schneiderin namens Tabita** (oder Dorkas) berichtet. Sie wohnt und arbeitet in Joppe (dem heutigen Jaffa, Ortsteil von Tel Aviv) und hat schon viel für Bedürftige und Alleinstehende genäht. Jetzt ist sie gestorben und hinterlässt eine große Schar trauernder Witwen. Petrus wird aus dem Nachbarort herbeigerufen und kann durch Gottes Eingreifen Tabita wieder zum Leben erwecken – zur großen Freude der gesamten Gemeinde.

Auf seiner zweiten Missionsreise begegnet Paulus in Philippi der **Purpurhändlerin Lydia,** einer offensichtlich alleinstehenden, relativ reichen frommen Frau, die sich zu Jesus bekehrt und ihren Glauben sofort in die Tat umsetzt: Paulus und seine Begleiter werden in ihrem Haus aufgenommen und versorgt. Sie wünscht sich, dass ihre Gastfreundschaft und Hilfsbereitschaft erkennbare Zeichen ihres neuen Glaubens sind (Apg 16,15). Später ist es dann besonders die Gemeinde in Philippi, die Paulus auf seinen Reisen finanziell unterstützt (Phil 4,15-19); es wird zwar in der Bibel nicht erwähnt, ist aber gut möglich, dass Lydia den entscheidenden Anstoß und Beitrag für die mehrfache Missionshilfe gegeben hat – auch eine gesegnete ehrenamtliche Aufgabe!

Von seiner zweiten Missionsreise an wird Paulus offensichtlich von **Lukas, „dem geliebten Arzt“** (Kol 4,14), begleitet.

Denn kurz vor dem ersten Betreten des europäischen Festlandes wechselt der Bericht in der Apostelgeschichte zur „Wir"-Form (Apg 16,10). Lukas ist das Vorbild bescheidener ärztlicher Tätigkeit im Ehrenamt. Er verliert kein einziges Wort über seine medizinischen Hilfen und Ratschläge, und er wird, so wie Paulus, von der bescheidenen Unterstützung der Glaubensgeschwister gelebt haben. Paulus ist es dann auch, der in seinen Briefen die finanzielle Versorgung der ehrenamtlich tätigen Missionare und Prediger anspricht. Wer es prüfen möchte, findet hier die wichtigsten Bibelstellen: Apg 20,33-35 / 1Kor 9,4-19 / 2Kor 11,7-9 / Phil 4,10-19 / 1Tim 5,17-18.

Drei Grundsätze entnehme ich den Ausführungen von Paulus:

1. Wer im Reich Gottes arbeitet, soll von dieser Arbeit auch leben können:

   Im Gesetz des Mose steht nämlich geschrieben: „Du sollst einem Ochsen, der drischt, nicht das Maul zubinden!" Geht es Gott vielleicht um die Ochsen oder sagt er das nicht vielmehr uns? ... Wisst ihr nicht, dass alle, die im Tempel Dienst tun, von den Einkünften des Tempels essen und alle, die am Altar Dienst tun, ihren Anteil von den Opfergaben erhalten? So hat auch der Herr angeordnet, dass die, die das Evangelium verkündigen, auch vom Evangelium leben sollen. (1Kor 9,9-10.13-14)

   Älteste, die gute Vorsteher in der Gemeinde sind, haben nicht nur Anerkennung verdient, sondern auch den entsprechenden Lohn, besonders wenn sie im Predigt- und Lehrdienst arbeiten.

Denn die Schrift sagt: „Du sollst einem Ochsen beim Dreschen nicht das Maul zubinden" und: „Wer arbeitet, hat Anspruch auf Lohn." (1Tim 5,17-18)

Interessant, dass Paulus zweimal die Ochsen aus dem Alten Testament zitiert. Wir allerdings sollten Missionare und Älteste nicht unbedingt mit Ochsen vergleichen ... Paulus ist auch sehr dankbar für die Unterstützung, die er z. B. von der Gemeinde in Philippi bekommen hat. Er hat im Ehrenamt für Christus gelernt, mit wenig oder mit viel zurechtzukommen:

Ich sage das nicht, weil ich unbedingt etwas gebraucht hätte; denn ich habe gelernt, mit dem zufrieden zu sein, was ich habe. Ich kann in Armut leben und mit Überfluss umgehen. Ich bin in alles eingeweiht. Ich weiß, wie es ist, satt zu sein oder zu hungern; ich kenne Überfluss und Mangel. Durch den, der mich stark macht, kann ich in allem bestehen. Aber es war sehr lieb von euch, dass ihr an meinen Schwierigkeiten Anteil genommen habt. Ihr wisst ja, dass ihr Philipper am Beginn meines Dienstes, damals, als ich das Evangelium von Mazedonien aus weitertrug, die einzige Gemeinde wart, die mich finanziell unterstützt hat. (Phil 4,11-15)

2. Wo es die Situation erfordert oder sinnvoll erscheinen lässt, soll der Dienst im Reich Gottes möglichst kostenlos geschehen:

Worin besteht nun mein Lohn? Er besteht darin, dass ich das Evangelium kostenfrei weitergebe und auf das verzichte, was mir dafür zusteht. (1Kor 9,18)

Oder war es vielleicht unrecht von mir, dass ich mich selbst erniedrigt habe, um euch zu erhöhen, und euch das Evangelium ohne jede Gegenleistung verkündigt habe? Andere Gemeinden habe ich „ausgeplündert". Ich habe Geld von ihnen angenommen, um euch dienen zu können. Und als ich bei euch in Not geriet, fiel ich niemand zur Last, denn die Brüder, die aus Mazedonien kamen, ergänzten, was ich zu wenig hatte. Ich habe nichts von euch in Anspruch genommen und werde das auch in Zukunft nicht tun. (2Kor 11,7-9)

3. Soweit es möglich war, hat sich Paulus durch sein erlerntes Handwerk als Zeltmacher selbst versorgt (genauso wie das Ehepaar Aquila und Priszilla in Apostelgeschichte 18,3).

   Paulus spricht in seiner Abschiedsrede zu den Ältesten der Gemeinde Ephesus:

   Noch etwas: Nie habe ich Geld oder Kleidung von jemand gefordert. Ihr wisst, dass diese meine Hände für alles gesorgt haben, was ich und meine Begleiter zum Leben brauchten. Mit meiner ganzen Lebensführung habe ich euch gezeigt, dass wir hart arbeiten müssen, um den Bedürftigen etwas abgeben zu können. Dabei sollen wir immer an die Worte denken, die Jesus, unser Herr, gesagt hat: „Geben macht glücklicher als Nehmen." (Apg 20,33-35)

Diese Grundsätze sind für alle Arbeiten im Reich Gottes unverändert bis heute gültig. Wer keine anderen Einkünfte hat, soll von den Glaubensgeschwistern für seine Tätigkeit entlohnt werden. Wer anderweitig Lohn (oder Rente) bekommt, kann auf diese Zuwendungen verzichten und so das Evangelium und viele andere Dienste (z. B. Kinder- und Jugendarbeit, Seelsorge, Küsterdienste usw.) für die Empfänger kostenlos machen. Ich habe immer versucht, es so zu handhaben, und ich weiß von vielen treuen Männern Gottes in unserer Zeit, die sich ebenfalls nach diesen Grundsätzen richten. Daneben gibt es heute die legalen Möglichkeiten der Unkostenerstattung, z. B. für Reisekosten, sowie die steuerfreie Ehrenamtspauschale, mit denen man treue Mitarbeiterinnen und Mitarbeiter belohnen kann.

Was kann ich tun?

Meine erste spontane Antwort auf diese Frage ist: „1000 verschiedene Aufgaben warten auf dich, du musst nur beginnen!" Die Generation jenseits der Lebensmitte wird sich noch gut an den Werbeslogan des ESSO-Konzerns aus den 1980er-Jahren erinnern: „Es gibt viel zu tun, packen wir's an!" Genau das trifft auf den zu, der kurz vor der Pensionierung neue Tätigkeitsfelder sucht. Was ESSO damals nicht berücksichtigt hat, ist der biblische Rat, jede Arbeit im Reich Gottes zu einem Gebetsanliegen zu machen. Paulus und andere bitten immer wieder die Gläubigen um Gebetsunterstützung für sich und die Mitarbeiter: z. B. in Röm 12,12 / Röm 15,30 / 2Kor 1,11 / Eph 6,18-19 / Kol 4,3 / 1Thes 5,25 und im Hebräerbrief:

> *Betet für uns! Wir sind überzeugt, ein gutes Gewissen zu haben, denn wir möchten in jeder Weise ein Leben führen, wie es gut und richtig ist. (Hebr 13,18)*

Darum geht es: auch als Rentner ein Leben zu führen, das nach Gottes Gedanken „gut und richtig“ ist und seinen Namen ehrt. Deshalb: Beten Sie dafür!

Die Auswahl an ehrenamtlichen Tätigkeiten ist tatsächlich sehr groß. Vieles habe ich in den vorigen Abschnitten schon erwähnt, hier kommen jetzt weitere Vorschläge, in erster Linie im Bereich der christlichen Gemeinden:

- Wer handwerkliche Fähigkeiten hat, kann sie vielfältig einsetzen, z. B. auf Gemeindeebene einen „Reparaturservice“ ins Leben rufen, um zusammen mit einem Team für Gemeindemitglieder und Außenstehende kleine Reparaturen und Handwerksarbeiten in Haus, Hof und Garten durchzuführen – gleichzeitig ein hervorragendes „Werbeinstrument“ für den Glauben!

- Wer gern organisiert, kann beispielsweise etwas für Senioren tun; wir haben in unserer Suppenküche die Erfahrung gemacht, dass ein ausgedehntes Seniorenfrühstück mit kurzer Andacht, kleinen Wettspielen und viel Klatsch und Tratsch sehr dankbar angenommen wird. Auch Ausflüge treffen auf große Begeisterung oder ein gemütliches Kaffeetrinken (Kuchen ist immer beliebt, besonders bei den Diabetikern ...).

- Auch im mittleren Alter oder mit 70 kann die eine oder der andere noch recht gut und gern singen. Wie wäre es, sich einem Chor anzuschließen? Oder auf andere Weise sich in einem Musikteam für Senioren zu betätigen?

- Schriftstellerisch Begabte können die monatliche Herausgabe des Gemeindebriefs übernehmen.

- Fotografische und künstlerische Talente können das Gemeindeleben für die Nachwelt oder den Jahresrückblick festhalten und mit viel Beifall zu einer Festigung der Gemeinschaft beitragen.

- Im Gemeindehaus gibt es immer etwas zu putzen. Ich habe mich damals z. B. unter der strengen Aufsicht meiner Ehefrau bereit erklärt, beim Reinigen der Küche und gelegentlich bei den Toiletten zu helfen. Da bricht auch einem Mann kein Zacken aus der Krone.

- Seelsorge und Telefonseelsorge sind immer sehr gefragt!

- Wer Kinder liebt, ist bei der Hausaufgabenbetreuung, bei Nachhilfestunden, in der Flüchtlingshilfe oder bei der Kinderarbeit der Gemeinde am richtigen Platz.

- Haushaltshilfen, Krankenbesuche, Küsterdienste, Betreuung der Technik: Viel Arbeit gibt es im Hintergrund der Gemeinde. Man bekommt kein Denkmal dafür, aber trotzdem: Denken Sie mal darüber nach! Die Gemeinschaft und die Atmosphäre in der Gemeinde werden dadurch mit Sicherheit nicht schlechter.

- Für den, der Abenteuer liebt oder gerne die weite Welt bereist, gibt es diese besonderen Einsatzmöglichkeiten, auf die ich im Zusammenhang mit dem Ende des Berufslebens schon hingewiesen hatte:

* Vermittlung durch die Organisation „Christliche Fachkräfte International", seit 2021 unter dem Namen „Coworkers",
* oder die Mitarbeit in einer Missionsgesellschaft oder dem peruanischen Missions-Krankenhaus „Diospi Suyana".

- Etwa fünf Wochen nach unserem Umzug zu den Kindern und Enkeln stand ich bei einem Gemeindefrühstück auf und erklärte den Anwesenden, dass ich dafür beten würde, am neuen Wohnort und in der neuen Gemeinde wieder neue Aufgaben zu finden. Die Antwort kam prompt: Ein junges Ehepaar hatte die Gründung einer Kindertagesstätte auf dem Herzen und kam auf uns zu – ob wir vielleicht helfen würden? Für uns als Ehepaar eine völlig neuartige Aufgabe. Es war der Start zur Gründung eines Trägervereins mit anschließender Bewerbung um den Zuschlag einer öffentlich-rechtlichen KiTa. Trotz großer anfänglicher Widerstände bestehen heute durch zahlreiche Wunder Gottes in Gummersbach zwei christliche Kindertagesstätten, in denen fast 200 Kinder betreut werden – das alles angestoßen durch ehrenamtliche Tätigkeit.

- Ganz nebenbei öffnete Gott während dieser Arbeit auch die Türen für eine Suppenküche in demselben sozial schwachen Stadtteil; es gibt also Arbeit genug, man muss nur Augen, Ohren, Mund und Hände öffnen. Was hier mit wenigen Worten beschrieben wird, bedeutete in Wirklichkeit jeweils viele Stunden Einsatz in einem immer größer werdenden Team.

- Wenn ich nach wie vor unsicher bin, was meine Aufgabe ist, sollte ich mich Gleichaltrigen und Menschen mit ähnlichen Interessen anschließen: Unter Gottes Führung braucht niemand als Rentner arbeitslos zu sein. So wie Paulus nach seiner Bekehrung kann ich meinen HERRN fragen: „**Was soll ich tun?**“ (Apg 22,10)

9. Meine Gesundheit, meine Krankheit

Das Thema Gesundheit und Krankheit spielt sich schwerpunktmäßig in der zweiten Lebenshälfte ab, denn bis zum 40. Lebensjahr hat man oder „frau“ eher selten damit zu tun, von Ausnahmen einmal abgesehen. Auch das Gesundheitsbewusstsein wächst erst im Laufe der Lebensjahre. Jugendliche (besonders junge Männer) kümmern sich herzlich wenig um ihre Gesundheit. Selbst wenn sie einem gewissen „Fitnesswahn“ verfallen sind, hat das mit gesunder Lebensweise kaum etwas zu tun. Junge Frauen dagegen machen sich etwas häufiger Gedanken über ihre Ernährung, hauptsächlich wenn es um ihre Figur geht. Das kann dann schon einmal krankhaft werden und zu einer Essstörung *(Anorexia nervosa)* ausarten.

Spätestens wenn das Rentenalter naht, tauchen bei vielen die ersten Krankheiten und „Wehwehchen“ auf. Und besonders unsere Ehefrauen legen dann mehr und mehr Wert auf eine gesunde, altersentsprechende Ernährung und Lebensweise. Viele Ehemänner ergeben sich nach kurzem, intensivem Widerstand zuletzt kampflos in ihr schweres Schicksal, wenn das abendliche Bier und die Pausen-Currywurst rücksichtslos gestrichen werden. Viele berichten davon, dass danach die heimliche Wurst deutlich besser schmeckt. Aber selbst hartgesottene Ehemänner werden zur Vernunft gebracht, wenn Gott ihnen mit schwerwiegenden

Erkrankungen – wie z. B. einem Herzinfarkt – Stoppschilder in den Weg stellt.

Was kann ich für meine Gesundheit tun?

Sinnvoller ist es allerdings, möglichst frühzeitig mit einer gesunden Lebensweise zu beginnen. Was gehört alles dazu? Denken Sie daran, dass der Mensch nicht nur einen Körper besitzt, sondern auch Seele und Geist berücksichtigen muss. Zur **körperlichen Gesundheit** gehören diese drei Stützen:

- **Eine ausgewogene Ernährung:** viel Obst, Gemüse und Salat, dazu Vollkornprodukte, Quark, Joghurt und Käse, wenig Fleisch und Wurst, gern Fisch und genug Flüssigkeit, damit er schwimmen kann (1,5 bis 2 Liter täglich); Zucker und Fett in begrenzten Mengen, dafür viele Kräuter und Gewürze, die das Essen abwechslungsreich machen. Die Freude am Essen sollte erhalten bleiben; eine ausgewogene Kost erträgt auch kleine „Essenssünden“ (wie z. B. das Stück Torte, das mir dann besonders gut schmeckt). Begrenzte Portionen sind allgemein besser als große, lieber mal eine kleine Zwischenmahlzeit einplanen mit Obst oder Rohkost. Übrigens geht man schon lange nicht mehr davon aus, dass man im Alter unbedingt ein niedriges „Idealgewicht“ anstreben sollte. Untersuchungen haben nämlich gezeigt, dass ein leichtes Übergewicht für den älter werdenden Menschen sogar gesünder ist. Wer es genau wissen will: Ab 65 Jahren wird ein BMI von 24–29 kg/m^2 empfohlen; der sogenannte „Body-Mass-Index“ (BMI) lässt sich aus Körpergewicht in

Kilogramm und Körpergröße in Meter nach dieser Formel berechnen: BMI = Gewicht : Größe^2.

- **Ausreichend Schlaf:** Das Schlafbedürfnis ist von Mensch zu Mensch unterschiedlich; der eine braucht zehn, die andere nur sechs Stunden Schlaf. Entscheidend ist, dass ich am nächsten Morgen einigermaßen frisch und ausgeruht aufstehen kann. Ein guter Schlaf will am Abend vorher auch gut vorbereitet sein: möglichst kein Kaffee oder andere stimulierende Getränke (das muss jeder für sich selbst testen!), genauso wenig wie der „Tatort" oder die politische Diskussion im Fernsehen, die mir den Schlaf rauben können. Alles, was anregend wirkt, sollte ich vor dem Schlafengehen unterlassen, wie z. B. sportliche Aktivitäten, lebhafte Gespräche u. a. Bei uns hat es sich bewährt, den Tag mit einem kurzen gelesenen Abschnitt aus der Bibel oder einem Andachtsbuch und einem gemeinsamen Gebet zu beschließen. Das Beten scheint eine der besten Einschlafhilfen zu sein, wir sind danach immer rechtschaffen müde. Überhaupt sollte man im Alter nur notfalls auf Medikamente zum Schlafen zurückgreifen; wenn überhaupt, dann besser pflanzliche als chemische Wirkstoffe. Für viele hat es sich bewährt, dem Tag einen festen zeitlichen Rahmen zu geben: regelmäßig zu derselben Zeit aufstehen, frühstücken und den Tag beginnen, ebenso den normalen Alltag immer wieder um die gleiche Zeit beenden – auch das fördert einen gesunden Schlaf.

- **Regelmäßige Bewegung:** Zahlreiche medizinische Studien beweisen, dass sich altersentsprechende körperliche Aktivitäten sehr positiv auf die Gesundheit auswirken. Stärkeres

Übergewicht wird abgebaut oder vermieden, Bluthochdruck, Zuckerkrankheit, Herzerkrankungen und Schlaganfälle kommen seltener vor. Sogar das Immunsystem und die Seele (meine Psyche) haben einen Nutzen davon, wenn ich mich regelmäßig bewege. Das können Spaziergänge, Radfahren, Schwimmen, Tanzen oder Gymnastikgruppen sein. Auch gleichmäßige Gartenarbeit ist nicht schlecht. Sportlich ideal wäre eine Mischung aus Krafttraining und Ausdauertraining sowie spezieller Gymnastik für Beweglichkeit, Koordination und Balance, weil im Alter die Sturzgefahr größer wird. Höchstleistungen werden von den Senioren nicht mehr gefordert, die Aktivitäten sollen Freude bereiten und Wohlbefinden und Gemeinschaft fördern. Jede Stunde, die ich mit Gleichaltrigen unterwegs bin, ist auch ein Gegenmittel gegen die Einsamkeit.

Die seelische Gesundheit ist im Grunde wichtiger als das körperliche Wohlbefinden. Die Stabilität meiner Seele lässt sich mit vielerlei Maßnahmen unterstützen. Eigentlich sind es keine einzelnen Maßnahmen wie bei der körperlichen Gesundheit, sondern es ist eine Lebenshaltung oder besser gesagt die Lebensweisheit, die meine Seele gesund erhält. Hier sind die wichtigsten Punkte:

- **Tätige Nächstenliebe und Barmherzigkeit:** Schon im Kapitel „Ehrenamt" habe ich erwähnt, dass meine eigene Seele einen großen Nutzen davon hat, wenn ich mich für andere einsetze. Untersuchungen bestätigen, dass Hilfsbereite deutlich weniger mit Ängsten, Depressionen und Einsamkeit zu kämpfen haben. Sie drehen sich halt viel weniger um sich selbst.

- **Geklärte, gute Beziehungen:** Der Mensch ist von Gott als Beziehungswesen geschaffen, und daher ist dieser Punkt einer der wichtigsten für die seelische Gesundheit. Das gilt sowohl für die vertikale Ebene – also meine persönliche Beziehung zu Gott, meinem Schöpfer – als auch für die horizontale Ebene – also für die Beziehung zu meinen Mitmenschen, besonders in der eigenen Familie und in der nächsten Umgebung. Ich kann nur dann ausgeglichen und mit innerem Frieden leben, wenn mein Verhältnis zu diesen Menschen und letztlich zu Gott in Ordnung ist. Deshalb der gute Rat: Setzen Sie alles daran, um diese Ordnung und den Frieden wiederherzustellen, wenn er verloren gegangen ist! Wer dabei nicht weiterkommt, sollte sich unbedingt seelsorgerliche Hilfe suchen.

- **Dankbarkeit und Zufriedenheit:** Jeder von uns kennt den Ausspruch: „Das Glas ist halb voll oder halb leer" – wobei es ganz auf die Sichtweise ankommt. So ist es auch mit diesem Punkt: Ich kann unzufrieden und undankbar sein wegen all der Dinge, die mir tatsächlich oder vermeintlich fehlen; auf der anderen Seite kann ich mich selbst zur Dankbarkeit auffordern für all das, was mir noch möglich ist. Ein Beispiel von Tausenden: Nach der Hüftoperation kann ich nicht mehr so gut und so weit laufen wie früher – ein echtes Defizit, ein Grund zur Traurigkeit und zur Klage, weil das Glas halb leer ist; aber ich kann immer noch mit meinem Ehepartner an der Seite eine gewisse Strecke an der frischen Luft zurücklegen und die Natur im Kleinen und im Großen genießen – ein echter Grund zur Freude: Das Glas ist noch halb voll! Das Entscheidende ist, wie ich die Sache empfinde.

Dahinter steht eine bewusste Willensentscheidung: Ich will mich von den Begrenzungen nicht herunterziehen und beeinflussen lassen, sondern ich will bewusst das wahrnehmen, was ich noch kann oder besitze, und dafür will ich von Herzen dankbar sein – den Menschen und auch meinem Gott und Vater im Himmel. Wer das trainiert, bleibt ein zufriedener Mensch, der auf andere anziehend wirkt.

- **Natürliche Heiterkeit und Ausgeglichenheit,** die sehr eng mit der erwähnten Dankbarkeit und Zufriedenheit zusammenhängen. Gute Laune, Selbstbeherrschung und Fröhlichkeit gehören dazu. Ich kann auch einmal über mich selbst lachen; und wenn mich traurige Ereignisse oder Schmerzen treffen, kann ich mich beherrschen und breche nicht sofort in lautes Klagen aus. Ich mache auch nicht meine Mitmenschen zu Sklaven meiner Emotionen, sodass sich jeder in meinem Umfeld nach meiner augenblicklichen Stimmung richten müsste. Die Quelle für diese innere Kraft und Stabilität ist **mein persönlicher Glaube: mein Vertrauen und meine Sicherheit in Gott, meinem Vater, und in Jesus Christus.**

- **Eine gesicherte Hoffnung** gehört ebenfalls dazu. Bei Menschen, denen man jede Hoffnung wegnimmt (z. B. bei ernsthaften Erkrankungen), brechen Lebenswille und Lebensmut sehr schnell zusammen. Wer aber eine Hoffnung besitzt, die über den Tod hinausgeht, wird von schweren Schicksalsschlägen zwar auch erschüttert, aber nicht so schnell umgeworfen. Dafür gibt es besonders unter gläubigen Christen zahlreiche Beispiele.

- Die erwähnten Punkte hängen alle eng zusammen und beziehen sich auf meine persönliche biblische **Glaubensgrundlage.** Aber nicht nur die Bibel weist auf die Zusammenhänge hin, auch zahlreiche wissenschaftliche Untersuchungen bestätigen, dass mit dieser Form der Lebensweisheit ein hohes Maß an seelischer Gesundheit und Widerstandskraft (Resilienz) verbunden ist. Wer mehr dazu wissen will, dem empfehle ich mein Buch „Fitnesstraining für meine Seele“[8].

Die geistige Gesundheit hängt ebenfalls eng mit dem soeben Gesagten zusammen – da der Mensch eine untrennbare Einheit aus Leib, Seele und Geist darstellt. Für unseren Geist können wir zusätzlich noch etwas tun, wenn die Lebensjahre zunehmen und der Geist in Gefahr steht abzunehmen:

- **Lernen im Alter** kann auf unterschiedlichen Wegen erfolgen: Reisen ist eine der Möglichkeiten, Neues zu sehen und zu verarbeiten. Auch Fremdsprachen gehören dazu oder das Erlernen eines Musikinstrumentes oder das Lesen von Büchern.

- **Fingerübungen** haben einen positiven Einfluss auf die Gedächtnisleistung, z. B. Klavierspielen, Stricken oder Häkeln.

- **Bewegung** wurde schon bei der körperlichen Fitness erwähnt, sie dient aber auch der geistigen Gesundheit.

---

8 Wolfgang Vreemann, „Fitnesstraining für meine Seele“, 2020 CV Dillenburg, ISBN 978-3-86353-671-8.

Neurowissenschaftler haben festgestellt, dass Tanzen, Wandern und Gartenarbeit die Hirntätigkeit mehr fördern als das Lösen von Kreuzworträtseln.

- Trotzdem soll man die Wirkung von **Übungen zum Gehirnjogging und zum Gedächtnistraining** nicht unterschätzen. Im Internet findet jeder eine reiche Auswahl an interessanten Spielen und Quizübungen, die man am besten in einer großen Gruppe gemeinsam mit anderen durchführt. Ebenso gibt es Apps fürs Senioren-Handy. Gleichzeitig trainiere ich dabei den Umgang mit der modernen Technik.

- Durch alle diese erwähnten Maßnahmen erreiche ich, dass sich in meinem alternden Gehirn wieder **neue Nervenverbindungen bilden und der Alterungsprozess aufgehalten wird. Gedächtnis und Konzentration** bleiben mir erhalten. Der Effekt ist besonders stark, wenn mir eine Sache richtig viel Spaß macht. Also sollte ich besonders das ausüben, was mir Freude bereitet.

- Genauso wichtig für meinen Kopf sind **gesunde Ernährung** und **soziale Kontakte,** wovon ja auch Leib und Seele einen Nutzen haben. Warum sollte ich nicht einmal einen **Kochkurs** besuchen oder einen gemeinschaftlichen **Kochabend mit Freunden** organisieren? Auch das trägt zur geistigen Gesundheit mit bei, und die Geschmacksnerven freuen sich ebenfalls.

Herausforderungen in der zweiten Lebenshälfte

Wie oben schon erwähnt, spielt sich das Krankheitsgeschehen eines Menschen überwiegend in seiner zweiten Lebenshälfte ab. Mit dem Alter steigt das Risiko zu erkranken, und damit tauchen bei mir Gedanken und Sorgen auf, die ich vorher nicht gekannt habe:

- Habe ich eine Tasche gepackt, falls ich plötzlich ins Krankenhaus muss?
- Wer regelt dann, wenn ich länger krank bin, meine Angelegenheiten einschließlich der Finanzen?
- Habe ich eine Bankvollmacht hinterlegt?
- Wer soll im Fall einer Krankheit benachrichtigt werden?
- Sind Haustiere zu versorgen?
- Ist unsere Wohnung einigermaßen behindertengerecht?
- Wie lange können wir die Treppen noch bewältigen?
- Sind die Türen breit genug für Toilettenstuhl oder Rollstuhl?
- Muss das Badezimmer umgebaut werden?
- Wo könnte ein Pflegebett aufgestellt werden?
- Wo können wir uns beraten lassen, wenn es um häusliche Krankenpflege oder um einen Heimplatz geht?

Vor allem chronische Krankheiten nehmen im Laufe der Lebensjahre zu. Hier kann ich die Krankheitsbilder nicht ausführlich besprechen, wie etwa in einem Gesundheitsratgeber, sondern nur die häufigsten Störungen erwähnen. Beim Lesen dieser Liste wird es zwei entgegengesetzte Reaktionen geben:

- Einerseits bekomme ich immer mehr Angst vor dem Alter und vor den Krankheiten, wenn sie auf diese Weise wie „Schreckgespenster“ aufgezählt werden.

- Andererseits kann ich dankbar und froh sein, dass mich diese Krankheiten nicht oder nicht alle betreffen und es mir vielleicht besser geht als manchen Altersgenossen.

Mit zunehmendem Alter treten oft mehrere dieser Erkrankungen gleichzeitig auf (man spricht dann von **„Multimorbidität“)**, was wiederum Probleme mit sich bringt: Die Krankheiten beeinflussen sich gegenseitig und führen zu mehr Gebrechlichkeit und Schwäche. Zusätzlich birgt die Behandlung das große Risiko von Wechselwirkungen und Nebenwirkungen der verschiedenen Medikamente, wodurch zusätzliche Gesundheitsstörungen wie z. B. Magenblutungen ausgelöst werden können.

Zu den bekanntesten und am meisten gefürchteten **Alterskrankheiten** gehört die **Demenz,** die in unterschiedlicher Form und Stärke auftreten kann. 2021 lebten in Deutschland fast 1,8 Millionen Menschen mit Demenz, davon etwa zwei Drittel mit **Morbus Alzheimer** und der Rest mit anderen, meist durch Gefäßerkrankungen wie Arteriosklerose bedingten Formen.

Die Parkinson-Erkrankung, auch „Schüttellähmung“ genannt, gehört ebenfalls zu den neurologischen Krankheitsbildern, ist aber mit ca. 150 000 Betroffenen bei Weitem nicht so häufig.

Am häufigsten kommen im Alter immer noch die **Herz-Kreislauferkrankungen** vor, die für 40 % aller Todesfälle verantwortlich sind. Vor allem **Herzinfarkte** und **Schlaganfälle** verursachen viel Leid und Behinderungen. Risikofaktoren dafür sind unter anderem **Bluthochdruck, Zuckerkrankheit** und **Übergewicht.**

Genauso oft werden ältere Menschen von den **Erkrankungen des Bewegungsapparates** betroffen: **Hüft- und Kniegelenksarthrosen, Wirbelsäulenveränderungen** und besonders bei Frauen die Folgen der **Osteoporose** machen vielen Senioren zu schaffen. Dazu gehören auch die **Knochenverletzungen** (wie z. B. der **Oberschenkelhalsbruch**), die nach Sturz und anderen Unfällen im Alter deutlich zunehmen.

Auch **Krebserkrankungen** treten im Alter häufiger auf als bei jungen Menschen. Bei Frauen steht **Brustkrebs,** bei Männern **Prostatakrebs** an erster Stelle, danach folgen **Darmkrebs** und **Lungenkrebs.** Der sogenannte **weiße Hautkrebs** („Basaliom") ist zwar noch häufiger, wird aber in der Krebsstatistik nicht aufgeführt, weil er praktisch keine Tochtergeschwülste bildet und nahezu immer sehr gut heilbar ist.

Dann gibt es noch Krankheiten, über die man kaum spricht, weil den Betroffenen meist die Worte fehlen und Angehörige selten darüber reden: Das sind **Altersdepressionen und Angststörungen.** Laut BMBF (Bundesministerium für Bildung und Forschung) leidet ab dem 70. Lebensjahr jeder Vierte darunter, Frauen doppelt so häufig wie Männer. Der Leidensdruck dieser Erkrankungen sollte nicht unterschätzt werden; er geht so weit, dass einige Kranke Selbstmord (Suizid) begehen. Umso wichtiger sind Vorbeugemaßnahmen (siehe oben) und, wenn die Krankheit aufgetreten ist, eine wirksame Therapie und intensive Seelsorge.

Neben diesen schwerwiegenden Erkrankungen muss ich als älter werdender Mensch mit allerlei Einschränkungen rechnen: **Das Hören ist beeinträchtigt,** aber moderne Hörgeräte gleichen die Defizite zumindest teilweise aus. **Das Sehvermögen lässt langsam nach,** besonders im Nahbereich (Altersweitsichtigkeit). Manch einer muss schon ab 45 eine Brille tragen. Und auch **der Schlaf ist nicht mehr so tief und fest** wie früher. Außerdem treten im Alter, insbesondere bei Frauen mit Übergewicht und Beckenbodenschwäche (nach Geburten) oder bei Männern nach Blasen- und Prostata-Operationen, peinliche Störungen auf: **Die Schließmuskeln der Harnblase werden undicht** und – wenn es noch schlimmer kommt – auch vom Enddarm, sodass man neben der täglichen Körperpflege auch auf teure Hilfsmittel (sogenannte Inkontinenzartikel) zurückgreifen muss. Darüber spricht niemand gern, man erwähnt es höchstens beim Hausarzt oder bei vertrauten Menschen.

Alle diese Erkrankungen können Folgen haben: **Lähmungen** nach Schlaganfall, **künstlicher Darmausgang** wegen Darmkrebs, **Gehbehinderung** durch Gelenkverschleiß, **Rollstuhl** nach Rückenmarksverletzung, **Pflegebedürftigkeit** wegen Demenz und vieles mehr. Ein kleiner Trost dabei: In jedem Fall gibt es Fachleute, die sich damit auskennen und Hilfen über Krankenkassen oder Pflegeversicherung vermitteln. In unserem Land wird niemand mit seinen Behinderungen allein gelassen. Allerdings lauern dabei oft die Hürden der Bürokratie, die es zu überwinden gilt; und manchmal kommt der Amtsschimmel auch nur sehr mühsam und schleppend voran. Der Fachkräftemangel macht sich leider ebenfalls an vielen Stellen bemerkbar.

Diese kurze Aufzählung der häufigsten Alterskrankheiten kann dazu führen, dass ich mich bestürzt zurücklehne und mir sage: „NEIN, so möchte ich nicht alt werden!“ Aber wenn ich mich dann in Gedanken bei Gleichaltrigen umsehe, entdecke ich – sozusagen als Kontrastprogramm zu dieser Liste – doch noch sehr viele rüstige Rentner, die nicht an Krankheiten denken oder ihre großen und kleinen Probleme gut im Griff haben. Daran sollte ich mich orientieren und nicht an dem Schreckensszenarium der Erkrankungen.

Aber der wichtigste Aspekt ist immer noch das Bewusstsein: **Mein ganzes Leben liegt in Gottes Hand!** Für mich persönlich gehört diese Tatsache zu den wertvollsten Erfahrungen im Leben. Bereits zweimal habe ich es hautnah erlebt: Mit 31 Jahren lag ich mit Verdacht auf Hirntumor im Krankenhaus und wurde nach ein paar Tagen innerlich vollkommen ruhig bei dem Gedanken, dass meine Angehörigen und ich in Gottes Vaterhänden geborgen waren. Später stellte sich heraus, dass es kein Tumor, sondern eine Virusinfektion war. 30 Jahre danach wurde Prostatakrebs diagnostiziert, und vor der großen Operation geschah genau dasselbe. Ein tiefer innerer Frieden erfüllte mich, weil ich wusste: Mein Vater im Himmel wacht über mir, nichts geschieht ohne seinen Willen.

Diese Erfahrung möchte ich gern all denen weitergeben, die durch mögliche Krankheiten und altersbedingte Behinderungen in Angst und Schrecken versetzt werden. Vertrauen Sie Ihr ganzes Leben Ihrem Schöpfer und Vater im Himmel an! Wer die Beziehung zu Jesus und zum Vater in guten Tagen pflegt, wird in Tagen der Krankheit darin seinen sicheren Halt finden.

Was sagt die Bibel?

Genauso wenig wie dieses Buch ist auch Gottes Wort kein Gesundheitsratgeber. Trotzdem hat die Bibel zum Thema Gesundheit und Krankheit sehr viel Grundsätzliches zu sagen, und interessanterweise auch vieles, was den modernen Erkenntnissen der Medizin entspricht.

Hier ist nur eine kleine Kostprobe zum Thema **„Herz-Kreislauferkrankungen“.** Sie sind, wie erwähnt, die häufigsten Krankheiten im Alter und für 40 % aller Todesfälle bei über 60-Jährigen verantwortlich.

Grundlage dieser Erkrankungen, zu denen Herzinfarkt, Schlaganfall und Durchblutungsstörungen der Beine und anderer Körperteile gehören, ist die sogenannte **Arteriosklerose** (Gefäßverkalkung). Die wichtigsten **Risikofaktoren** sind:

- Erbanlage
- Rauchen (Nikotinkonsum)
- Bewegungsmangel
- Stress
- Bluthochdruck
- Stoffwechselfaktoren wie Diabetes mellitus, erhöhte Cholesterinwerte, Übergewicht

In den Industrienationen werden große Anstrengungen unternommen, diese Risikofaktoren in den Griff zu bekommen: Anti-Raucher-Kampagnen, Ernährungsberatung, Förderung gesunder Lebensweise, Freizeitsport und Entspannungsübungen gegen Stress und Bluthochdruck, Milliardenbeträge für Medikamente, Kuren, Krankenhausbehandlungen usw. Trotzdem verbessert sich die Volksgesundheit bei uns nur sehr langsam; die Arteriosklerose mit den erwähnten Folgekrankheiten ist in den westlichen Ländern immer noch Todesursache Nr. 1!

Wie sah nun die Situation zur Zeit des Alten Testaments aus? Die Arteriosklerose als Krankheit der Blutgefäße existierte schon, wie man von Mumien-Untersuchungen aus dem alten Ägypten weiß. Aber offensichtlich war sie damals eine Krankheit der Reichen, die eine „bessere" Ernährung und das bequemere Leben kannten.

Was sagte Gott seinem Volk Israel auf der Wüstenwanderung, um es vor Herzinfarkten und Schlaganfällen zu schützen? Vergleichen wir das mit dem, was heute ein Facharzt nach neuesten medizinischen Erkenntnissen seinem Patienten mit auf den Weg geben würde:

- „An Ihrer Erbanlage können Sie nichts ändern!"
  Das galt damals genauso wie heute.

- „Aber hören Sie bitte auf zu rauchen!"
  Das brauchte Gott seinem Volk nicht zu sagen. Es gab natürlich in der Wüste keinen Tabakladen und keine Zigarettenautomaten.

- „Bewegen Sie sich mehr, treiben Sie einen Ausgleichssport, der Ihnen Spaß macht!"
  Das brauchte Gott dem Volk Israel auch nicht zweimal zu sagen. Die Menschen waren zuerst einmal froh, dass sie die Sklaverei in Ägypten hinter sich gelassen hatten, und wollten so schnell wie möglich von dem Land wegkommen. Die Menschen mussten sich also bewegen. Es gab keine Autos, keine Fahrräder; nur wenige Privilegierte und Alte konnten auf Eseln oder eventuell auf Kamelen reiten, und auch das war eine Art von Sport, jedenfalls diente es nicht nur der Bequemlichkeit.

- „Bauen Sie Stress ab, legen Sie Entspannungspausen ein!"
  Das hörte sich aus Gottes Mund so an: „Denk an den Sabbattag und überlass ihn Gott! Sechs Tage hast du, um all deine Arbeit zu tun, aber der siebte Tag ist Sabbat für Jahwe, deinen Gott. An diesem Tag sollst du nicht arbeiten, weder du noch dein Sohn oder deine Tochter, weder dein Sklave noch deine Sklavin, nicht einmal dein Vieh oder der Fremde, der in deinem Ort wohnt. (2Mo 20,8-10)

  Sie haben richtig vermutet, es ist das vierte Gebot, das sogenannte Feiertagsgebot; und Gott will damit nur unser Bestes, nämlich Ruhe und Entspannung nach dem Alltagsstress. Da, wo Menschen sich bewusst über diesen Arbeits- und Ruherhythmus hinwegsetzen und ohne Pausen, ohne Ruhetag durcharbeiten, werden sie krank. Z. B. wurde in der Sowjetunion unter Lenin von 1929 bis 1940 ganz allgemein der Sonntag als Ruhetag abgeschafft und die Sieben-Tage-Woche durch eine kontinuierliche Fünf-Tage-Arbeitswoche (den sogenannten Revolutionskalender, nach dem die Werktätigen in Gruppen eingeteilt wurden, von denen jeweils eine an einem der fünf Arbeitstage frei hatte) ersetzt. Die Folge war nicht der erwartete Anstieg der Produktionsleistung, sondern es gab sogar deutlich mehr Probleme am Arbeitsplatz, in den Familien und mit der Gesundheit, sodass die alte Sonntags-Regelung sehr bald wieder eingeführt wurde.

  Außerdem dienen nicht nur das vierte Gebot, sondern alle anderen der Zehn Gebote ebenfalls dem Stressabbau. Denn wer die Gebote missachtet, „Ehre Vater und Mutter" – „Du sollst nicht töten" – „Du sollst nicht ehebrechen" – „Du sollst nicht stehlen" – „Du sollst kein falsches Zeugnis reden" usw., der handelt sich selbstverständlich eine Menge an Konflikten, zwischenmenschlichen Spannungen und damit Stress ein. Also können auch die guten alten Zehn Gebote das Herzinfarktrisiko vermindern.

- „Ernähren Sie sich vernünftig, suchen Sie eine Ernährungsberaterin auf, lassen Sie sich das alles erklären und vermeiden Sie Zucker und tierische Fette!"
  Das war damals schon sehr wichtig, wie aus den erwähnten Mumienuntersuchungen deutlich wird. Die Ernährungsberatung führte Gott selbst durch, indem er klare Anordnungen gab:

  Jahwe sagte zu Mose: „Gib den Israeliten Folgendes weiter: Ihr dürft keinerlei Fett essen, weder vom Stier noch vom Schaf noch von der Ziege. Das Fett von verendeten oder zerrissenen Tieren dürft ihr für irgendwelche Zwecke verwenden, aber ihr dürft es auf keinen Fall essen." (3Mo 7,22-24)

Eindeutiger kann eine Anweisung nicht sein. Da braucht man keine theologische Ausbildung, um das zu verstehen.

Zucker existierte damals noch nicht, zum Süßen gab es nur wilden Honig, und der war in der Wüste Mangelware.

Es ging aber noch weiter:

Zu den unreinen Tieren in 3. Mose 11, die nicht gegessen werden durften, gehörte auch das Schwein als wichtiger Fleischlieferant für viele andere Völker. Schweinefleisch enthält jedoch, selbst wenn es mager aussieht, eine recht große Menge an verborgenem tierischem Fett in den Muskelfasern, das nur unter dem Mikroskop erkennbar ist (wer wusste das damals schon?). Außerdem ernährt sich das Schwein bekanntermaßen von Aas und Abfällen mit manchmal zweifelhafter Herkunft.

Zu den reinen Tieren gehörten für die Juden alle Fische mit Flossen und Schuppen, die eine sehr gesunde Alternative darstellten, denn sie waren eine wertvolle Eiweißquelle und außerdem reich an den sehr gesunden Omega-3-Fettsäuren. Nun werden Sie kritisch anmerken: In der Wüste gibt es nicht besonders viel Fisch, vor allem wenn man an ein Volk von zweieinhalb bis drei Millionen Menschen denkt.

Dabei sollte man allerdings bedenken, dass das Volk irgendwann in Kanaan, am fischreichen See Genezareth und an den noch fischreicheren Ufern des Mittelmeeres ankommen würde, und auch für diese Zeit des erwarteten Wohlstandes waren die Speisevorschriften Gottes gedacht.

Gottes Weisheit legte also schon damals fest, was zu einer gesunden Lebensweise und bestmöglichen Ernährung notwendig war, obwohl niemand die Zusammenhänge mit der Arteriosklerose kannte.

Zu solchen Fragen der Ernährung und der Lebensweise gibt es einige interessante Untersuchungen, die vor allem in den USA durchgeführt wurden: Orthodoxe Juden und Mormonen, Hutterer und Amish People haben ein bis zu 50 % geringeres Herzinfarkt-Risiko und eine sieben bis 15 Jahre höhere Lebenserwartung als die amerikanische Stadtbevölkerung. Warum ist das so? Diese Bevölkerungsgruppen richten sich weitestgehend nach den Speisevorschriften des Alten Testaments, sie halten die Zehn Gebote und leben überwiegend in ländlicher Umgebung mit naturnaher Landwirtschaft, haben also eine Lebensweise, die sich recht genau nach der Bibel ausrichtet. Übrigens kommen bei ihnen auch andere Erkrankungen wie Dickdarm-, Lungen- und Blasenkrebs deutlich seltener vor.

Insgesamt bedeutet das doch, dass die Bibel viel mehr zum Erhalt der Gesundheit zu sagen hat, als wir denken. So enthalten die fünf Bücher Mose z. B. hochaktuelle und wirksame Schutzmaßnahmen gegen Infektionskrankheiten, obwohl damals die Übertragungswege durch Bakterien und Viren in keiner Weise bekannt waren. Erst vor etwa 150 Jahren wurden die Zusammenhänge entdeckt, unter anderem von Prof. Robert Koch. Für das Volk Israel stand Gottes Autorität hinter diesen Aussagen, und das Volk war seinem Gott Gehorsam schuldig. So existierte bereits in vorchristlicher Zeit in Israel das beste Gesundheitswesen der damals bekannten Welt.

Die seelische Gesundheit

Wenn es um **die Gesundheit der Seele** und **die psychische Stabilität** geht, werden wir besonders im Neuen Testament fündig. An sehr vielen Stellen in den Evangelien und in den Briefen gibt es Empfehlungen, die eindeutig die Widerstandskraft unserer Seele im Fokus haben. Zwei kompakte Hinweise will ich herausgreifen.

Die sogenannten Seligpreisungen

Wie glücklich sind die, die begreifen, wie arm sie vor Gott sind! Sie gehören dem Himmelreich an! Wie glücklich sind die, die trauern, denn Gott wird sie trösten! Wie glücklich sind die Sanftmütigen, denn sie werden die Erde besitzen! Wie glücklich sind die, die Hunger und Durst nach Gerechtigkeit haben, denn Gott macht sie satt! Wie glücklich sind die Barmherzigen, denn ihnen wird Gott seine Zuwendung schenken! Wie glücklich sind die, die ein reines Herz haben, denn sie werden Gott sehen! Wie glücklich sind die, von denen Frieden ausgeht, denn sie werden Kinder Gottes genannt! Wie glücklich sind die, die man verfolgt, weil sie Gottes Willen tun, denn sie gehören dem Himmelreich an! (Mt 5,3-10)

Wir können theoretisch, ohne dem Text Gewalt anzutun, das Wort „glücklich" an jeder Stelle durch „seelisch stabil" ersetzen, und damit haben wir ein fast perfektes Rezept für die Gesundheit der Seele. Denn wer glücklich ist, bei dem kann man auch einen gesunden Seelenzustand erwarten. Hinter jedem Satz der Bergpredigt steht eine tiefgründige göttliche Wahrheit. Es würde zu weit führen, hier alle Einzelheiten zu beschreiben. Es gibt genug ausführliche biblische Literatur zum Thema Bergpredigt, auf die ich an dieser Stelle gern hinweise.[9]

Die Frucht des Geistes

Sie wird von Paulus im Galaterbrief erwähnt und beschreibt die positiven Folgen, die der Heilige Geist in dem Menschen bewirkt, der sich als Christ völlig der Führung des Geistes Gottes anvertraut:

9 Z. B. Wolfgang Vreemann, „Bitte hilf meiner Seele", 2018 CV Dillenburg, ISBN 978-3-86353-515-5

Doch die Frucht, die der Geist wachsen lässt, ist: Liebe, Freude, Frieden, Geduld, Freundlichkeit, Güte, Treue, Sanftmut und Selbstbeherrschung. Dagegen hat das Gesetz nichts einzuwenden. Die, die zu Jesus Christus gehören, haben ja das eigene Ich mitsamt den Leidenschaften und Begierden gekreuzigt. (Gal 5,22-24)

Der gläubige Christ, in dem der Heilige Geist wohnt, wird diese hier aufgezählten neun Eigenschaften in seinem Leben in gewissem Maße realisieren können. Keiner zweifelt daran, dass dieser Mensch das Beste für seine seelische Gesundheit getan hat, was überhaupt möglich ist. Wie sähen unsere Welt und unsere Gesellschaft aus, wenn jeder diese Frucht des Geistes ausstrahlen würde!

Viele weitere Hinweise

Zusätzlich gibt es Dutzende Aufforderungen in den Briefen des NT, die alle der seelischen Gesundheit dienen. Wer das zur Handlungsgrundlage seines Lebens macht, hat auf jeden Fall seinen Teil zur Vermeidung psychischer Krankheiten beigetragen. Alles andere liegt in Gottes Hand. Das bedeutet, dass auch ein aufrichtiger Christ seelische Probleme bekommen kann (z. B. Depressionen oder Ängste). Die Ursache liegt dann aber nicht in seiner Lebensführung, sondern an anderer Stelle.

Hier ist als Beispiel eine kurze Passage aus dem Brief des Apostels Paulus an die Gemeinde in Rom, wo wir zahlreiche Hinweise zu einer Lebensführung nach Gottes Gedanken finden:

Liebe muss echt sein, ohne Heuchelei! Verabscheut das Böse, haltet am Guten fest! Seid einander in herzlicher geschwisterlicher Liebe zugetan! Übertrefft euch in gegenseitigem Respekt! Werdet im Fleiß nicht nachlässig, lasst den Geist Gottes in euch brennen und dient so dem Herrn! Freut euch, weil ihr Hoffnung habt, bleibt standhaft in Bedrängnis, seid andauernd im Gebet! Nehmt Anteil an den Nöten der Gläubigen und helft ihnen! Bemüht euch um Gastfreundschaft! Segnet eure Verfolger, wünscht ihnen Gutes und verflucht sie nicht! Freut euch mit denen, die sich freuen; weint mit denen, die weinen! ... Vergeltet niemand Böses mit Bösem! Bemüht euch um ein vorbildliches Verhalten gegenüber jedermann! Soweit es irgend möglich ist und soweit es auf euch ankommt, lebt mit allen Menschen in Frieden! ... Lass dich nicht vom Bösen besiegen, sondern besiege das Böse mit dem Guten! (Röm 12,9-15.17-18.21)

Alterskrankheiten in der Bibel

Auch Männer der Bibel haben unter Altersbeschwerden gelitten. Eine Ausnahme war Mose, von dem es bei seinem Tod heißt:

Mose war 120 Jahre alt geworden. Sein Sehvermögen hatte nicht nachgelassen und seine Kraft war nicht geschwunden. (5Mo 34,7)

Isaak z. B. war im Alter erblindet, Elia hatte mit Depressionen zu kämpfen, Hiob musste in der Mitte seines Lebens unendliches Leid ertragen. König Asa (2Chr 16) wurde von einem Fußleiden gequält; die Bibel macht ihm den Vorwurf, dass er seine Hilfe nicht bei Gott, sondern bei den damaligen Ärzten suchte. König

Usija (2Chr 26) wurde von der Mitte seines Lebens an bis zu seinem Tod aussätzig, weil er sich angemaßt hatte, den Priesterdienst auszuüben; er musste einsam und ohne Kontakte jahrelang in einem Quarantäne-Haus leben. König Hiskija (2Kö 20) erkrankte in seiner zweiten Lebenshälfte so heftig, dass ihm der sichere Tod bevorstand. Der Prophet Jesaja musste ihm im Auftrag Gottes das Todesurteil mitteilen; daraufhin betete und trauerte Hiskija, sodass Gott ihm noch 15 Jahre seines Lebens schenkte. Leider dienten diese Jahre nicht unbedingt der Ehre Gottes.

Im Neuen Testament musste sich Paulus offensichtlich jahrelang mit einem nicht näher bekannten Leiden herumplagen. Manche meinen, es sei eine Augenkrankheit gewesen. Die Beschwerden machten ihm so sehr zu schaffen, dass er sie verglich mit einem „Engel Satans", der ihn „mit Fäusten schlagen" durfte. Aber auch da erlebte er die Kraft Gottes und schrieb die bekannten Worte, die er von Gott gehört hatte:

> *Doch er sagte zu mir: „Meine Gnade muss dir genügen, denn meine Kraft ist gerade in den Schwachen mächtig." (2Kor 12,9a)*

Die sehr unterschiedlichen Lebensberichte dieser Männer in der Bibel können uns zum Vorbild dienen. Einiges lässt sich daraus lernen:

- Etliche Männer Gottes haben einen guten Start ins Leben mit Gott gehabt, ihr Ende aber wird leider von Schuld und Fehlern überschattet. Krankheit und Leid sind dann manchmal Strafe und Zurechtweisung Gottes.

- Es dient nicht immer zum Guten, wenn ich von Gott durch Gebet und Flehen mehr Lebenszeit erbitte.

- Auch eine treue Lebensführung als Christ bewahrt mich nicht vor Krankheit und Leid.

- Krankheiten sind aber bei Weitem nicht immer eine Strafe Gottes, sondern auch Glaubensprüfungen aus Gottes Hand.

- Wenn ich von Gott geprüft (oder nach Hebr 12 auch gezüchtigt oder streng erzogen werde), dann soll es nur zu meinem Besten dienen, auch wenn mir das anfangs gar nicht gefällt.

- Ich erlebe besonders in Krankheitszeiten die Nähe und Hilfe meines himmlischen Vaters.

- Mein Vater im Himmel weiß auch, was ich aushalten kann, und er kennt von Beginn an das Ende bzw. den Ausweg. (1Kor 10,13)

Was kann ich (sonst noch) tun?

Bisher ging es in erster Linie um die Möglichkeiten, etwas für den Erhalt meiner körperlichen, seelischen und geistigen Gesundheit zu unternehmen. Wenn ich mich aber nun mit Krankheiten herumquälen muss, dann frage ich: „Was kann ich machen, damit diese Beschwerden und Behinderungen erträglicher werden?“ Und darum geht es in diesem Abschnitt hauptsächlich. Ich sollte auch nicht fragen: „Wie kann ich geheilt werden?", denn die überwiegende Zahl der Alterskrankheiten ist chronisch und lässt sich nur noch lindern, aber nicht mehr heilen. Dennoch braucht niemand mutlos zu werden; fast immer gibt es eine Möglichkeit zur Behandlung, meist mit Medikamenten, die allerdings ihre Vor- und Nachteile haben. Außerdem bestehen an vielen Orten **Selbsthilfegruppen** für die verschiedenen Erkrankungen, wo sich Betroffene und Angehörige zum Austausch von Erfahrungen treffen und sich gegenseitig helfen. Wer allerdings nicht gern dauernd über seine Krankheit redet, für den sind diese Gruppen nicht so gut geeignet. An dieser Stelle möchte ich meine oben erwähnte „Krankheitsliste" noch einmal aufgreifen und einige Hinweise geben auf Therapien, bei denen man keine Tabletten schlucken muss. Die Tabletten bekommt der Kranke ohnehin von seinem behandelnden Arzt verordnet.

Für den Patienten mit **Demenz** werden **Ergotherapie** und vor allem **Musiktherapie in der Gruppe** angeboten. Genauso wichtig ist die liebevolle Betreuung, in die auch Angehörige einbezogen sein sollten, soweit es möglich ist.

Für **Parkinsonkranke** stehen **Physiotherapie** (viel Bewegung) und **Logopädie** (Sprachbehandlung) auf dem Programm.

Bei **Herzerkrankungen** (nach Herzinfarkt, künstlichen Herzklappen usw.) hat sich die Teilnahme an einer **Herzsportgruppe** bewährt, die man in jeder größeren oder kleineren Stadt finden kann. Noch in meiner Ausbildung bis 1975 hat man Patienten mit diesen Krankheiten absolute Ruhe verordnet, um das Herz zu schonen. Es zeigte sich aber, dass genau das Gegenteil sinnvoll ist: Angepasste Bewegung und behutsame Belastungssteigerung helfen dem kranken Herzen wieder „auf die Sprünge". Bis auf wenige Ausnahmen ist der Herzsport bei diesen Patienten eine hervorragende Ergänzung der Therapie.

Nach einem **Schlaganfall** sollte mindestens ein Jahr lang systematisch der Bereich trainiert werden, der durch den Schlaganfall beeinträchtigt war, und zwar mit **Bewegungsübungen** (Physiotherapie), **Logopädie** und/oder **Ergotherapie.**

Bluthochdruck, Zuckerkrankheit und **Übergewicht** lassen sich deutlich bessern durch regelmäßige Bewegung. Die berühmten **10 000 Schritte täglich** können hier sinnvoll eingesetzt werden, soweit der Bewegungsapparat, das heißt Beine und Rücken, mitmachen.

Wenn allerdings **Rücken und Gelenke** selbst krank werden (z. B. durch Osteoporose, künstliches Hüft- oder Kniegelenk, nach Unfällen oder Bandscheibenoperationen), dann muss ich Kompromisse eingehen. Der größte Fehler wäre, mich ganz auf Sessel, Couch und Bett zu konzentrieren. Untätigkeit verschlimmert auf jeden Fall die Beschwerden. Das Maß an Bewegungsmöglichkeit, das mir als Kranker noch geblieben ist, sollte ich auch bis zum Letzten ausnutzen. Sonst besteht die Gefahr, dass ich völlig einroste und nach ein paar Monaten dann gar nichts mehr geht – im wahrsten Sinne des Wortes. Deshalb gehören **regelmäßige Physiotherapie** und **Reha-Sport** zu den wichtigsten Stützen der Behandlung bei Erkrankungen des Bewegungsapparates. Dabei sollte auch unbedingt das Gleichgewicht trainiert werden, weil die Sturzgefahr im Alter und bei diesen Krankheiten sehr stark zunimmt. Am besten entfernt man auch aus der Wohnung alle Stolperfallen wie z. B. Teppiche.

Krebserkrankungen gehören zu den Krankheiten, die eine Seele am stärksten belasten. Deshalb sind hier die **zwischenmenschliche Begleitung, stützende Gespräche** und **einfühlsame**

Seelsorge die wichtigsten Maßnahmen. Der persönliche Glaube wird auf eine harte Probe gestellt. Wenn aber die ersten schweren Wochen überstanden sind, kann der Glaube wieder zum entscheidenden Halt im Leben werden. Daher sollten Angehörige, Freunde und Seelsorger alles daransetzen, den Blick des Kranken in dieser schwierigen Zeit auf Jesus Christus zu lenken und seinen Glauben zu stärken.

Altersdepressionen und **Angststörungen** gehören in dieselbe Kategorie belastender Krankheiten. Auch hier sind **fachkundige Seelsorge und Begleitung** angesagt. Außerdem sollte dem Kranken immer das Gefühl gegeben werden, dass er nicht allein ist. Einsamkeit verschlimmert im Allgemeinen die Symptome.

Zuletzt gibt es noch die schweren Krankheitsfolgen, die **Behinderungen** und **Pflegebedürftigkeit** mit sich bringen. Da kommt auch eine hilfsbereite Familie schnell an ihre Grenzen. Ob der Kranke nun alleinstehend ist oder noch einen Ehepartner hat, meist müssen sich die Angehörigen jetzt in irgendeiner Weise kümmern. Es gibt viele Möglichkeiten, aber oft ist man auf den Rat von Fachleuten (bei Krankenkassen, Pflegediensten, Altenheimen) angewiesen:

- Der Grad der Pflegebedürftigkeit muss durch den medizinischen Dienst der Kranken- und Pflegekassen festgestellt werden.

- Der oder die Kranke kann in der eigenen Wohnung bleiben und bekommt täglich oder in größeren Abständen Unterstützung durch Familienangehörige.

- Auch andere Wohnformen stehen noch zur Auswahl:
  * das Mehrgenerationenhaus, in dem Alt und Jung zwar getrennte Wohnungen, aber auch Gemeinschaftsräume und Hilfsmöglichkeiten haben.
  * Wohngemeinschaften von Senioren mit der Verpflichtung, sich gegenseitig zu helfen.
  * Betreutes Wohnen mit Service-Angeboten in besonders ausgestatteten Häusern.

- Eine Ergänzung kann die Betreuung durch einen häuslichen Pflegedienst sein, der eine fachkundige Behandlung und weitere Hilfen übernimmt.

- Es gibt auch ausländische Pflegekräfte, die im Haus wohnen und den ganzen Tag (bis auf Pausen und Nachtruhe) zur Verfügung stehen.

- Zusätzlich gibt es Service-Angebote wie „Essen auf Rädern", Einkaufsdienste, Fahrdienste, Hausnotruf für Alleinstehende und Beratung zu technischen Hilfsmitteln bei Behinderung.

- Wenn die Betreuung in der eigenen Wohnung nicht mehr möglich ist, muss der nächste Schritt erwogen werden: Rundumversorgung und Pflege bei einem der Kinder oder die Aufnahme in einem Alten- und Pflegeheim.

Die Möglichkeiten der Betreuung bei den eigenen Angehörigen sind im Allgemeinen sehr begrenzt. Häufig wird man sich für ein Pflegeheim entscheiden müssen. Es ist sehr weise und hilfreich, wenn wir Senioren uns zuvor schon einmal Gedanken über eine Unterbringung bei Pflegebedürftigkeit gemacht haben. Und noch sinnvoller ist es, wenn wir das Ganze in Ruhe mit den eigenen Kindern besprochen haben. Es ist ein schwieriges Thema, das wir gern vor uns herschieben. Aber irgendwann muss es angesprochen werden:

- Sind wir bereit, ins Heim zu gehen, wenn die Zeit für uns gekommen ist?

- Oder setzen wir unsere Kinder unter Druck mit den Worten: „Ihr werdet uns doch wohl nicht abschieben wollen?“ Das würde unsere Kinder jedoch meist seelisch und oft auch körperlich überfordern.

- Viel besser ist es, in gesunden Tagen eine klare, realistische Willensentscheidung zu treffen: „Wir sind bereit, in ein Heim zu gehen; aber bitte, sucht ihr ein gutes Haus für uns aus und kommt regelmäßig zu Besuch!“ Idealerweise bin ich selbst in der Lage, mir ein geeignetes Heim auszusuchen.

Wie immer liegt dann alles Weitere in Gottes Hand. Und da sind wir als Senioren gut aufgehoben.

10.
Die letzte Wegstrecke

Wenn ich bei einer Bergwanderung einen Gipfel erklimmen will, ist das letzte Stück oft das schwierigste und anstrengendste. So ähnlich verhält es sich auch mit meinem Lebensweg. Über den letzten schweren Abschnitt denke ich nicht so gern nach; diese Gedanken werden auch von den meisten Menschen lieber verdrängt. Sterben und Tod und die Schritte dorthin sind keine attraktiven Themen, die Freude hervorrufen – eher Beklemmung und Sprachlosigkeit. Dennoch muss ich mich irgendwann dieser Herausforderung stellen: je früher, desto besser.

Als bei meiner Schwiegermutter im Alter von 93 Jahren eine unheilbare bösartige Bluterkrankung festgestellt wurde, sprachen wir mehrmals darüber, welche Gedanken und Wünsche ihr angesichts des nahenden Lebensendes durch den Kopf gingen. Sie war eine tiefgläubige Frau, die ihre Ruhe in Gott gefunden hatte und Frieden und Gelassenheit ausstrahlte. Bei einem dieser Gespräche sagte sie unvermittelt: „Ach, wie schwer ist es, über den Tod zu sprechen!" Ja, das stimmt! Auch wenn der gläubige Christ weiß, dass seine Zukunft und die Ewigkeit in Gottes Händen liegen und er vor dem Gericht Gottes keine Angst zu haben braucht, ist das Sterben doch ein bedrückendes Ereignis, vor allem, wenn man kurz davorsteht. Viele empfinden es wie den Durchgang durch einen dunklen, gefahrvollen Tunnel, hinter dem dann endlich das ewige Licht leuchtet.

Umso wichtiger ist es, dass ich mich darauf vorbereite und dass wir uns gegenseitig auf dieser schweren letzten Wegstrecke unterstützen. Ich bin sicher, dass Gott nahezu jeden Menschen im Laufe seines Lebens irgendwann in die Nähe des Todes führt, um ihm die Begrenztheit des eigenen Lebens vor Augen zu führen. Solche Gelegenheiten sind gut geeignet, um mir selbst Klarheit zu verschaffen über mein Sterben und die darauffolgende Ewigkeit.

Das Sterben eines jeden Menschen ist so individuell wie sein Leben, kein Sterbevorgang gleicht dem anderen, der Tod kennt keine Gesetzmäßigkeiten. Er kann plötzlich eintreten, wie bei einem Unfall oder dem Sekunden-Herztod; er kann langsam und bewusst auf den Menschen zukommen, wenn er mit der Diagnose einer unheilbaren Krebserkrankung konfrontiert wird; oder der Tod befreit leise und unmerklich den bewusstlosen oder völlig verwirrten Senior von seinem Leiden. Aussuchen kann ich mir diesen Weg nicht, er liegt ganz und gar in Gottes Hand. Deshalb brauche ich auch nicht dauernd an das Sterben zu denken oder mich permanent mit dem Tod zu beschäftigen. Ich darf mich auch im Alter noch über die schönen Dinge des Lebens freuen, die mein Vater im Himmel mir in dieser Zeit schenkt.

Herausforderungen in der zweiten Lebenshälfte

Im Alter von 45 oder 50 Jahren dachte ich nur sehr selten an mein eigenes Sterben, obwohl ich im ärztlichen Alltag immer wieder damit zu tun hatte. Aber jetzt, mit 77, ist der Zeitpunkt schon deutlich näher gerückt; die Sache wird aktueller, drängender. Meine letzten 30 Jahre sind, wie im ersten Kapitel schon einmal erwähnt, mit einer rasanten Geschwindigkeit vorübergegangen.

Eine Beschäftigung mit der letzten Wegstrecke schiebt man gern immer weiter vor sich her. Trotz des Rentnerstatus sind die Tage immer noch gut gefüllt; und man meint, noch Zeit genug zu haben. Zumindest bei mir läuft das so. Ich vermute, dass es meinen Altersgenossen genauso ergeht.

Vieles muss ich für meine letzten Lebensjahre bedenken, z. B.:

- Ich habe vielfältige Ängste, wenn es ums Sterben geht: Schmerzen, Hilflosigkeit, Schwäche, Luftnot, Schlafstörungen, Übelkeit, Unruhe, langes Dahinsiechen und Pflegebedürftigkeit, Apparatemedizin und künstliche Leidensverlängerung – mit wem kann ich darüber sprechen?

- Habe ich meinen Nachlass, mein Testament geregelt?

- Weiß ein Freund oder Verwandter, wo die privaten Unterlagen zu finden sind?

- Gibt es eine Liste von Kontaktdaten und Angelegenheiten, die im Krankheits- oder Todesfall zu regeln sind?

- Sollte ich nicht auch eine Patientenverfügung und eine Vorsorgevollmacht oder etwas Ähnliches aufsetzen?

- Wer würde sich um meine Beerdigung kümmern?

- Muss ich vielleicht einiges dafür vorbereiten und meine Wünsche schriftlich festhalten?

Auf einen Teil dieser Aufgaben werde ich später noch eingehen. Aber eine noch viel größere Herausforderung für die letzte Wegstrecke liegt in den folgenden Fragen:

- Was kommt nach meinem Tod?
- Wo und wie werde ich die Ewigkeit verbringen?
- Wie kann ich mich darauf vorbereiten?

Was sagt die Bibel?

Für die letzten Fragen und für den Übergang vom Leben zum Tod ist die Bibel das einzige authentische Fachbuch. Nur Gott selbst ist in der Lage, dazu glaubwürdig Stellung zu nehmen. Kein Mensch, kein Wissenschaftler oder Theologe hat Untersuchungen durchgeführt, wie dieser Übergang und das Jenseits genau gestaltet sind. Da gibt es höchstens Vermutungen und Spekulationen. Auch die sogenannten Nahtoderfahrungen von Patienten nach Wiederbelebungsmaßnahmen können uns bei der Frage der Ewigkeit nicht weiterhelfen. Da muss ich mich einzig und allein auf meinen persönlichen Glauben und auf Gottes Wort stützen. David als Psalmdichter bringt es auf den Punkt:

> *Lass mich erkennen, Jahwe, mein Ende; zeig mir das Maß meiner Tage, dass ich weiß, wie vergänglich ich bin. Mein Leben ist nur ein paar Handbreit lang, meine Lebenszeit vor dir wie ein Nichts. Wie fest meint jeder Mensch zu stehen und ist doch nur ein Hauch. Wie ein Schatten geht der Mensch daher, macht Lärm um Kleinigkeiten; er sammelt und speichert und weiß nicht einmal, wer es bekommt. Worauf soll*

ich denn hoffen, Herr? Ich setze meine Hoffnung auf dich! (Ps 39,5-8)

Der Prophet Amos ruft dem Volk Israel und damit auch jedem von uns zu:

Mach dich bereit, deinem Gott zu begegnen! (Am 4,12b)

Und im Neuen Testament lesen wir:

Und so, wie jeder Mensch nur einmal sterben muss und dann vor das Gericht Gottes gestellt wird ... (Hebr 9,27)

Der erste Teil des Satzes wird von niemandem infrage gestellt, während vom zweiten Satzteil, dem Gericht Gottes, viele Menschen leider nicht überzeugt sind. Aber die Bibel sagt weiter unmissverständlich:

Wer an den Sohn (Jesus Christus) glaubt, hat ewiges Leben. Wer dem Sohn aber nicht glauben will, wird das ewige Leben nicht sehen, Gottes Zorn bleibt dann auf ihm. (Joh 3,36)

Es gibt also ein Leben nach dem Tod, und in meinem Leben hier und jetzt entscheidet sich, wo ich die Ewigkeit verbringe: in Gemeinschaft mit Jesus Christus, in Gottes Nähe (das ist dann der Himmel), oder in der Gottesferne, in Qual (das heißt auch Gottes Zorn oder Hölle). Wer seine Zukunft durch seinen Glauben gesichert hat, wer ganz klar weiß: Auf mich wartet nach dem Sterben das ewige Leben in der himmlischen Herrlichkeit Gottes, der geht deutlich ruhiger und gelassener seinem

Tod entgegen als einer, der bezüglich der Ewigkeit in Unsicherheit und Angst lebt. Leider ist die Beschäftigung mit Tod und Ewigkeit für viele ein Tabu-Thema geworden. Sie verdrängen das Bewusstsein des Sterbens und fliehen vor der Realität des Todes. Die Menschen leben immer weniger in Verbindung mit der Natur und der Schöpfung; Technik und moderne Medizin scheinen den Tod zurückgedrängt und in sterile Krankenzimmer verlagert zu haben. Außerdem widerspricht ein leidvolles Lebensende dem Wohlstandsdenken und dem Ideal dauernder Jugend. In unserer Zeit des technischen Fortschritts ruft die Unberechenbarkeit des Todes ein unangenehmes Gefühl der Ohnmacht hervor. Das kann nur durchbrochen werden mit der festen Hoffnung des oben erwähnten Glaubens, den Paulus so beschreibt:

> *Denn ich bin überzeugt:* ***Weder Tod noch Leben,*** *weder Engel noch andere Mächte, weder Gegenwärtiges noch Zukünftiges, weder hohe Kräfte noch tiefe Gewalten – nichts in der ganzen Schöpfung* ***kann uns von der Liebe Gottes trennen,*** *die uns verbürgt ist in Jesus Christus, unserem Herrn. (Röm 8,38-39)*

Wenn dieser Glaube mein Alltagsleben prägt, habe ich die letzte Wegstrecke vor dem Sterben optimal genutzt. Das aber ist nicht so einfach, wie es sich anhört. Der Glaube ist im Alter kein Selbstläufer. Nicht nur in der Jugend lauern Gefahren, auch jenseits der Mitte kann es ganz schön problematisch werden. Auch „uns Alten“ will der Teufel gern ein Bein stellen und uns vom guten Weg Gottes abbringen, sei es mit Alkohol, mit Pornografie, Habsucht, Herrschsucht, Starrköpfigkeit, Streitereien oder gar mit

Glaubenszweifeln bei schwerer Krankheit. Sehen wir uns einige Männer der Bibel an:

Isaak hatte einen behüteten Start in der Jugend, eine wunderbare Ehefrau, zwei prächtige Kinder und ein reiches Erbe. Leider wurde er nicht nur auf beiden Augen blind, sondern auch mit dem Herzen. Er hatte keinen Blick dafür, wie ungleich seine Söhne von ihm und von Rebekka behandelt wurden, er spürte auch nicht die aufkommenden Konflikte und versäumte die notwendige Kommunikation. So endete seine blühende Familie bedauerlicherweise im Chaos, und schließlich starb er mit 180 Jahren, „alt und der Tage satt", wie die Bibel (ELB) es beschreibt. Zumindest die Beerdigung wurde von seinen zerstrittenen Söhnen gemeinsam durchgeführt. So ist es auch heute noch oft: Verfeindete Verwandte begegnen sich nur auf dem Friedhof.

Saul, der umjubelte erste König in Israel, nahm ein sehr trauriges Ende. Durch seinen Ungehorsam entfernte er sich immer weiter von Gott. Seine Lebensmitte und sein Alter waren geprägt von psychischen Störungen, Wahnvorstellungen, Wutanfällen, Mordversuchen und esoterischen Eskapaden.

Sogar **David, der „Mann nach dem Herzen Gottes",** erlebte in der zweiten Lebenshälfte seine größten Niederlagen. Da waren der Ehebruch mit Batseba, der Auftragsmord an ihrem Ehemann, die Katastrophen in der eigenen Familie (Vergewaltigung, Mord, Putschversuch des eigenen Sohnes usw.) und zuletzt die völlig unnötige Musterung der wehrfähigen Männer in Israel. Als Folge breitete sich eine Pest-Epidemie aus, die mindestens 70 000 Menschenleben forderte. Weil David echte Buße zeigte, erfuhr er die Gnade Gottes, sodass er doch noch ein versöhnliches Ende fand.

Sein Sohn Salomo erlebte einen grandiosen Beginn seiner Regierungszeit mit unermesslichem Segen Gottes, sodass er als der größte, reichste und mächtigste König im Großreich Israel in die Geschichte einging. Seine Weisheit erlangte Weltruhm, sie konnte ihn aber nicht vor folgenschweren Irrtümern bewahren. Das größte Problem bestand in seinem riesigen Harem, in dem insgesamt 1000 Frauen lebten, davon sehr viele aus heidnischen Nachbarstaaten. Die Bibel berichtet, dass er sie alle liebte (1Kö 11). Und so blieb es nicht aus, dass er seinen Frauen zuliebe immer mehr fremde Götter verehrte: Der Götzendienst hatte in Israel Eingang gefunden, und Salomo war die treibende Kraft – ein sehr trauriges Ende dieses reichen und weisen Königs.

Auch viele seiner Nachfolger begannen ihre Königsherrschaft unter Gottes Führung, erlebten aber dann im Alter schlimme Niederlagen:

König Asa ließ einen Prophet Gottes, der ihn korrigierte, ins Gefängnis werfen. Er starb mit starken Schmerzen, ohne Gott.

König Joasch ermordete den Sohn des Hohen Priesters Jojada, der ein ganzes Leben lang sein Wohltäter und Pflegevater gewesen war. Auch Joasch wandte sich im Alter von Gott ab.

König Amazja betete nach einem Sieg gegen die Edomiter deren Götzen an und wurde schließlich von den eigenen Landsleuten umgebracht.

König Usija wurde nach einem gottesfürchtigen Anfang hochmütig und übernahm im Tempel die Aufgabe des Priesters.

Er widersetzte sich den amtierenden Priestern und wurde von Gott mit dem Aussatz bestraft. Bis zu seinem Tod musste er einsam in einem Quarantäne-Haus leben.

König Hiskija hatte sich von Gott unter Tränen noch 15 Jahre Lebenszeit erbeten, aber gerade diese Jahre dienten nicht zur Ehre Gottes.

Natürlich berichtet die Bibel auch über viele Männer und Frauen Gottes, die bis an ihr Lebensende Gott treu dienten. Dazu gehört **Jakob** – trotz seines turbulenten Lebenslaufs; auch **Josef** ist zu nennen und **Mose** und **Josua** und **Noomi,** die Schwiegermutter von Rut, und viele andere. Im Hebräerbrief (Kap. 11) werden die Glaubenshelden aufgezählt, und dann heißt es:

> *Gedenkt eurer Führer, die das Wort Gottes zu euch geredet haben! Schaut den Ausgang ihres Wandels an, und ahmt ihren Glauben nach! (Hebr 13,7; ELB)*

Die Bilanz meines Lebens wird also nicht in jungen Jahren oder in der Lebensmitte geschrieben, sondern ganz am Ende. Das Alter ist die Bewährungsprobe meines Glaubens. Entscheidend ist, wie ich durchs Ziel laufe, nicht der elegante Start oder die gute Figur auf der Strecke ergeben die Schlussbewertung. Meine Kinder, meine Enkel und die Menschen in meiner Umgebung schauen auf den Ausgang meines Lebens und können dadurch motiviert werden, an Jesus Christus zu glauben.

Was kann ich tun?

Wenn ich mir die To-do-Liste einige Seiten vorher ansehe, verlässt mich leicht der Mut: Das alles soll oder muss ich noch bewältigen? In solchen Fällen ist es hilfreich, die Dinge zu sortieren und dann mit kleinen Schritten, Punkt für Punkt, zu beginnen. Keiner sollte sich entmutigen lassen. Auch auf der letzten Wegstrecke kann ich noch allerlei regeln, zunächst die rein formellen Dinge:

Das Testament kann schon in der Lebensmitte verfasst werden, wenn ich eine klare Vorstellung davon habe, wer in meiner Familie was erben soll; spätere Änderungen sind immer möglich. Das Dokument muss handschriftlich, gut lesbar und klar ausgedrückt sowie mit Ort, Datum und Unterschrift versehen sein. Die Erben sind meine Rechtsnachfolger, sie verfügen über meinen gesamten Nachlass und müssen auch für meine Schulden geradestehen. Zusätzlich kann ich Gegenstände oder Geldbeträge „vermachen". Das bedeutet, dass der oder die Begünstigte ein Anrecht darauf hat, dass die Erben das Vermächtnis herausgeben (z. B. Schmuck, Geldbeträge oder andere Wertgegenstände). Im Internet gibt es zahlreiche Hinweise und Hilfen zum Abfassen eines Testamentes sowie zu den gesetzlichen Regeln beim Erben und Vermachen. Alternativ kann ich mich auch an einen Notar wenden, der mich berät und in meinem Auftrag ein entsprechendes amtliches Schriftstück aufsetzt.

Über meine Versorgung und die medizinische Behandlung am Lebensende muss ich mir auch Gedanken machen und mich eventuell vom Hausarzt oder anderen Vertrauenspersonen beraten lassen. Das Ergebnis ist dann **eine Patientenverfügung und eine Vorsorgevollmacht oder eine Betreuungsverfügung.**

Es gibt dazu Literatur und einschlägige Broschüren von verschiedenen Organisationen, unter anderem vom Bundesjustizministerium[10]. Die wichtigsten Informationen habe ich hier stichwortartig zusammengefasst (**übrigens sind alle Zusammenstellungen hier beispielhaft und müssen je nach persönlicher Situation ergänzt werden**):

1. Was ist das genau?

a) die Vorsorgevollmacht

Ich bevollmächtige eine oder zwei Personen meines Vertrauens, meine Wünsche und Vorstellungen bei Ärzten, Behörden und anderen Stellen zu vertreten, wenn ich dazu unfähig bin.

b) die Patientenverfügung

... ist meine schriftliche Willenserklärung, wie ich in meiner letzten Lebensphase medizinisch behandelt werden möchte, wenn ich meine Wünsche nicht mehr selbst äußern kann.

c) die Betreuungsverfügung

... ist meine Anweisung an das Familiengericht, wer meine rechtliche Betreuung übernehmen soll, wenn ich nicht mehr geschäftsfähig bin; also eine Absicherung, falls ich einmal eine amtliche Betreuung brauche.

2. Warum/wozu mache ich das?

Für den Fall, dass ich bewusstlos bin oder nicht mehr klar denken kann, um dann die Behandlung und Betreuung zu bekommen, die ich mir wünsche.

---

10 www.bmjv.de

3. *Wann mache ich das?*

- Wenn ich mich mit Krankheit und Sterben auseinandergesetzt und mich informiert habe.
- Solange ich noch einen klaren Verstand habe und selbst entscheiden möchte, wie ich in meiner letzten Lebensphase behandelt werden will.
- Wenn ich eine oder zwei Vertrauenspersonen gefunden habe.

4. *Mit wem mache ich das?*

- Mit einer oder zwei Vertrauenspersonen: Kinder oder andere Angehörige, Freunde, gute Bekannte.
- Evtl. mit dem Pastor, mit dem Hausarzt (Kosten!), mit Rechtsanwalt oder Notar (Kosten!)

5. *Wie mache ich das?*

- Zuerst informiere ich mich und mache mir selbst Gedanken darüber.
- Dann rede ich mit Angehörigen, Vertrauten, Freunden.
- Ich frage die Vertrauenspersonen, ob sie die Verantwortung übernehmen.
- Ich besorge Formulare und bereite Texte vor (im Internet, bei kirchlichen Organisationen, beim Bundesjustizministerium u. a.).
- Ich fülle die Formulare sorgfältig aus **oder** verfasse einen handschriftlichen Text **oder** tippe alles in den Computer mit anschließendem Ausdruck.
- Sehr wichtig: Die Unterschriften von mir, der Vertrauensperson und dem Hausarzt sollten **alle zwei Jahre erneuert werden.**

- **Das Original** zu Hause oder beim Notar, **Kopien** zu Hause, beim Hausarzt, bei den Vertrauenspersonen.

6. Was gibt es noch zu beachten?

Einzelheiten der Formulierung, siehe Formulare und Broschüren, u. a.:

- Situationen, für die die Verfügung gilt
- Grundsätzliches zu lebensverlängernden Maßnahmen
- Behandlung von Schmerzen, Atemnot, Durst, Übelkeit, Unruhe usw.
- künstliche Ernährung, Wiederbelebung, künstliche Beatmung, künstliche Niere
- Antibiotika, Bluttransfusionen
- Chemotherapie, Bestrahlung, Operationen bei Krebs – oder palliativ-medizinische Behandlung
- Ort des Sterbens
- **wichtig:** Angaben zum persönlichen Glauben, zur Lebenseinstellung und inneren Haltung

In einer ruhigen Stunde sollte ich mich hinsetzen und **alle Versicherungen und Renten** mit Versicherungsnummern, Adressen und ggf. Versicherungsmakler notieren. Dazu gehören auch meine **Bankkonten** mit Daueraufträgen, Abbuchungen und Lastschrift-Ermächtigungen. **Mindestens alle zwei Jahre** müssen die Daten auf den neuesten Stand gebracht werden.

Außerdem muss ich klären, ob mein Ehepartner oder eines meiner Kinder, dem ich eine **Vorsorgevollmacht** erteilt habe, auch über meine **Bankkonten** verfügen darf. Ansonsten muss das bei der Bank nachgeholt werden.

An einem anderen Tag, ebenfalls in einer ruhigen Stunde, setze ich mich am besten zusammen mit meinem Ehepartner hin und schreibe Punkt für Punkt alles auf, **was bei einem Notfall** (wenn ich z. B. bewusstlos bin) oder **in meinem Todesfall zu tun ist.** Das kann z. B. so aussehen:

Was ist im Notfall zu tun (wenn einer nicht mehr geschäftsfähig ist, z. B. im Koma)?

- Vorsorgevollmacht, Patientenverfügung und ggf. Betreuungsverfügung im Ordner XY
- XY hat Verfügungsgewalt über Bankkonto (Bank XY)
- Konto-Informationen im Ordner XY
- Bitte um Hund Hasso kümmern

Was ist im Todesfall zu tun?

- Angehörige benachrichtigen
- Beerdigungsinstitut beauftragen (übernimmt viele Formalitäten)
- Termin für Beerdigung festlegen (Stadtverwaltung/Friedhofsamt)
- Beerdigung planen: Redner, Lieder, Texte, Trauergäste?
- Sarg u. a. aussuchen und beim Beerdigungsinstitut besprechen
- Totenschein zum Standesamt, mindestens sechs Sterbeurkunden ausstellen lassen (übernimmt meist das Beerdigungsinstitut)
- Anzeigen entwerfen, drucken lassen, ggf. in der Zeitung inserieren
- Adressenlisten für Anzeigen, Anschriften auf Kuverts schreiben
- Infos über Bankkonto

- Sterbeurkunden mit kurzer Mitteilung an (Anschriften siehe beiliegende Liste): Rentenversicherung/Krankenversicherung/Zusatzversicherungen
- Haftpflichtversicherung und andere Versicherungen kündigen (Sterbeurkunden werden dann oft angefordert, aber nicht immer)
- Für Kfz-Versicherung und Straßenverkehrsamt (Kfz-Schein) den Namen ummelden
- Handyvertrag kündigen (siehe Ordner Strom/Wasser/Telefon)
- Testament (hier im Ordner) beim Amtsgericht am Sterbeort einreichen

Was ist im Pflegefall zu tun?

Irgendwann kann auch der Fall eintreten, dass ich mich – eventuell mithilfe meiner Angehörigen – um **behindertengerechte Änderungen in der Wohnung** und um einen **häuslichen Pflegedienst** kümmern muss. Meist stehen am Ort mehrere zur Auswahl. Beim Hausarzt, in der Klinik oder bei der Kranken- und Pflegekasse kann ich nachfragen. An einigen Orten gibt es auch öffentliche Pflegestützpunkte, Pflegeberatung oder Senioren-Beratungsstellen, die mir weiterhelfen. Das Bundesministerium für Familie, Senioren, Frauen und Jugend[11] verschickt auf Anfrage die kostenlose Broschüre „Länger zuhause leben". Voraussetzung für die Beauftragung eines Pflegedienstes ist mein Antrag auf Feststellung des Pflegegrades (über Hausarzt und Pflegekasse). Woran erkenne ich nun einen guten **Pflegedienst,** wonach sollte ich fragen?

---

11 www.bmfsfj.de

- Betreuung durch examinierte Pflegekräfte
- Weiterbildung der Pflegekräfte
- Pflegeplan wird meinen individuellen Bedürfnissen angepasst
- Nicht mehr als drei oder vier Pflegekräfte im Wechsel
- Alle notwendigen ambulanten Arbeiten werden ausgeführt (medizinische Leistungen, Körperpflege, Pflegeberatung, Schulung von Angehörigen)
- Dokumentation, die im Haus bleibt und dem behandelnden Arzt zur Verfügung steht
- Klare Angabe und Abrechnung von Kassen- und Privatleistungen

Die häusliche Versorgung kann durch einen Haus-Notruf, durch Einkaufsdienste und Essen auf Rädern ergänzt werden.

Der nächste schwierige Schritt ist dann zu gehen, wenn die Versorgung zu Hause nicht mehr möglich ist. Dann gilt es, ein passendes oder ***das* passende Pflegeheim** zu finden. Auch hierzu kann ich mich bei den o. g. Stellen beraten lassen; meine Angehörigen sollten dabei unbedingt miteinbezogen werden. Wie geht es nach der Beratung weiter?

- Ich besorge mir mehrere Adressen von Häusern in der Umgebung.
- Über Prospekte, Preislisten, Musterverträge und Internet hole ich Informationen ein.
- Ich überlege, was für mich besonders wichtig ist:
    * räumliche Nähe zu den Kindern oder zur bisherigen Wohnung oder zur Gemeinde

  * Geschäfte oder kulturelle Angebote
  * Wird Physiotherapie im Heim angeboten?
  * Kann ich eigene Möbel mitnehmen?
  * Einzelzimmer? Privatsphäre? Besuchsmöglichkeiten?
  * Aufenthaltsräume?
  * Freizeitangebote?
  * Gottesdienste/Andachten im Haus?
  * Bewertungen durch Bewohner und Besucher?
- Ich besichtige zusammen mit Angehörigen zwei oder drei Häuser, die mir am besten gefallen.
- Ich kläre die Finanzierung.
- Ich berate mich mit meinen Angehörigen und treffe dann eine Entscheidung.

Bei sehr schweren Erkrankungen, wie z. B. bei Krebs im Endstadium, muss ich auch den Umzug **in ein Hospiz** in Erwägung ziehen. In diesen Häusern wird eine umfassende menschliche und palliativmedizinische Versorgung angeboten, sodass ich in Würde sterben kann. Natürlich ist es schwer, sich mit diesen Gedanken zu beschäftigen. Wenn ich ans Lebensende denke, tauchen vielfältige Befürchtungen auf: Schmerzen, Hilflosigkeit, Schwäche, Luftnot, Schlafstörungen, Kontrollverlust, Unruhe, langes Dahinsiechen und Pflegebedürftigkeit, Apparatemedizin und künstliche Leidensverlängerung.

Die Palliativmedizin im Hospiz ist darauf ausgerichtet, genau diesen Befürchtungen zu begegnen: Eine wirksame und umfassende Schmerztherapie, die symptomatische Behandlung von Begleitbeschwerden wie Depressionen, Angst, Luftnot und Unruhe, dazu eine liebevolle pflegerische und seelsorgerliche Betreuung über 24 Stunden, die fast unbegrenzte Besuchszeit für

Angehörige und vieles mehr wird hier für die Kranken ermöglicht. Auch ehrenamtlich tätige Helfer sind im Einsatz und haben viel Zeit, besonders für die Einsamen. Die Räume sind wohnlich eingerichtet, mit angenehm wirkenden Farben, auf den Fluren herrscht eine ruhige Atmosphäre ohne Hektik in der Umgebung. Als Arzt habe ich nur die besten Erfahrungen mit Hospizen gemacht; wirklich alle Patienten, die dort ihren letzten Lebensabschnitt zugebracht haben, waren sehr zufrieden und dankbar, genauso wie ihre Angehörigen.

Vorbereitung auf das Ende

Manche Menschen haben den Wunsch, ihre **eigene Beerdigung** zu planen. Dagegen ist gar nichts einzuwenden. Wer es möchte, kann im Sinne eines Vermächtnisses seine Gedanken und Wünsche dazu schriftlich niederlegen:

- Wo möchte ich gern beerdigt werden?
- Welchen Sarg und welchen Schmuck wünsche ich mir?
- Wer soll die Predigt halten?
- Mit welchen Bibeltexten?
- Welche Lieder sollen gesungen werden?
- Wer soll noch etwas dazu beitragen?
- Welche Gäste sollen dabei sein?
- und weitere Wünsche ...

Wir befinden uns im Grunde genommen alle in der Vorphase des Sterbens. Wenn ich daran denke, legt sich eine gewisse Beklemmung auf mein Herz, Unsicherheit und Angst vor einem

Zustand, dem ich hilflos ausgeliefert bin. Diese Ängste sind nicht unberechtigt, und ich muss mich irgendwann einmal mit ihnen befassen, am besten im Rahmen eines ruhigen und sachlichen Gesprächs. Ich kann aber noch etwas tun: Ich kann Menschen in meinem Umfeld beobachten, wie sie mit Krankheit und Leid und letztlich mit dem Sterben umgehen. Und da kann ich eine erstaunliche Entdeckung machen, die mir aus meiner Zeit als junger Krankenhausarzt nachdrücklich im Gedächtnis geblieben ist.

Ich hatte gerade in der Klinik neu angefangen, als bei einer Routinekonferenz unserer onkologischen Abteilung das Gespräch unter den ärztlichen Kollegen darauf kam, wie die Krebspatienten mit ihrer tödlichen Krankheit und dem Sterben umgingen. Die Beiträge der erfahrenen Kollegen haben mich überrascht und gleichzeitig gefreut: Eine Ärztin meinte, dass gläubige Menschen am besten mit der Diagnose fertigwürden; ein anderer hatte den Eindruck, man müsse einen sehr starken Willen haben; wieder andere hatten beobachtet, dass Leute mit einer Bibel auf dem Nachttisch deutlich ruhiger und gelassener blieben, was von einem weiteren Kollegen bestätigt wurde, der sagte: „Ja, die Patienten, die sehr fromm sind, können friedlich sterben!" Ihre Kommentare gaben die Kollegen nicht mir zuliebe ab, sondern sie entsprachen den eigenen Beobachtungen. Mir als jungem Arzt hat dieser Gedankenaustausch sehr viel Mut gemacht. Es war eine Bestätigung für meinen Glauben; ich konnte daran erkennen, dass ein lebendiger Glaube auch in den Grenzsituationen des Lebens durchträgt. Die Erfahrungen lassen sich in einem Satz zusammenfassen:

Der gelebte Glaube an Gott und die persönliche Beziehung zu Jesus Christus sind die beste Vorbereitung auf das Sterben und den Tod.

Als Vorbeugung gegen Angst und Sorgen am Lebensende kann ich deshalb jedem nur folgende Empfehlungen weitergeben:

- Pflegen Sie Ihre Beziehung zu Gott, Ihrem Vater im Himmel, und zu Jesus Christus!

- Ordnen Sie, wenn es denn geht, alle Beziehungen zu Ihren Mitmenschen!

- Das Gebet ist eine starke stützende Kraft, und zwar sowohl das persönliche als auch das gemeinsame Gebet, und das Gebet anderer für Sie.

- Die gelebte Gemeinschaft unter Christen (Hauskreise, Gemeinden) gibt auch in den Grenzsituationen des Lebens einen wirksamen Halt.

- Seelsorgerliche Gespräche und gegenseitige Begleitung helfen uns in Krankheiten, in Krisen und im Vorfeld des Sterbens.

Sterben und Tod gehören zu den natürlichen und sichersten Phänomenen unseres menschlichen Daseins; sie sind andererseits aber auch die undurchsichtigsten, geheimnisvollsten und am wenigsten erforschten Ereignisse unseres Menschseins. Es handelt sich um den Übergang aus der sichtbaren, erforschbaren Welt in das Unsichtbare, Übersinnliche – ein Überschreiten der Grenze zwischen Zeit und Ewigkeit. Die Vorgänge entziehen sich weitestgehend den naturwissenschaftlichen Messmethoden, und niemand konnte bisher aus eigenem Erleben vom Verlauf des Sterbens und des Todes vollständig berichten. Deshalb gibt es im Umgang mit Sterbenden und mit dem eigenen Tod viele Spekulationen, viele mystische Vorstellungen, aber auch viel Angst und manche Scheu. Oft werden die Gedanken daran auch einfach verdrängt; viele Menschen möchten sich absolut nicht damit beschäftigen, weil die entscheidende Frage daran anschließt: Was kommt denn nach meinem Tod?

Genau an diesem Punkt setzt der persönliche Glaube an, der nicht nur eine vage Hoffnung oder unsichere Zukunftsaussicht ist, sondern eine absolut feste Gewissheit, und diese Gewissheit hat einen Namen: **Jesus Christus.** Als wiedergeborener Christ weiß ich genau, dass ich unmittelbar nach meinem Tod in der Herrlichkeit von Jesus Christus ankommen werde; und in seiner Gegenwart werde ich auch die gesamte Ewigkeit zubringen, ganz unabhängig davon, was sonst noch geschieht.

Ich bin davon überzeugt, dass jeder, der seine Beziehungen geordnet hat und in Jesus Christus die Hoffnung des ewigen Lebens besitzt, dem Sterben und dem Tod mit innerem Frieden entgegengehen kann. Für ihn bedeutet es nur einen Durchgang zum Paradies, zur herrlichen Gegenwart Gottes.

Friedrich von Bodelschwingh (1831–1910) hat den markanten Spruch geprägt:

Christus steht nicht hinter uns als unsere Vergangenheit, sondern vor uns als unsere Hoffnung.

Jesus erwiderte ihm: „Ich versichere dir: Heute noch wirst du mit mir im Paradies sein." (Lk 23,43)

Vom selben Autor erhältlich:

Was hilft, was heilt?
Ein Arzt beantwortet Fragen zur alternativen Medizin
Pb., 304 S., 13,5 x 20,5 cm
Best.-Nr. 271357
ISBN 978-3-86353-357-1

Es gibt eine fast unüberschaubare Auswahl an alternativer Medizin, und ständig kommen neue Methoden hinzu. Immer mehr Christen suchen jenseits der Schulmedizin Hilfe und lassen sich auf Therapien ein, deren Ursprünge und Hintergründe sie nicht kennen. Man probiert, ob Akupunktur, Kinesiologie und Bachblütentherapie nicht sanftere, aber genauso wirkungsvolle Verfahren sind, wie die herkömmliche Medizin sie kennt.

Systematisch untersucht Dr. Vreemann die einzelnen Methoden: Welche weltanschaulichen Hintergründe haben sie, und wie wendet man die Verfahren heute an? Welche Gefahren und Alternativen gibt es?

Bitte hilf meiner Seele
Seelsorgerlich helfen im Alltag
Pb., 432 S., 13,5 x 20,5 cm
Best.-Nr. 271515
ISBN 978-3-86353-515-5

Christen können sich gegenseitig im Alltag und im Glaubensleben viel mehr helfen, als sie oft glauben. Damit fängt echte Seelsorge an; wir müssen uns dieser Tatsache nur bewusst werden. Dieses Bewusstsein zu schärfen ist ein wichtiges Anliegen dieses Buches. Der Arzt Dr. Vreemann hat hier Grundkenntnisse aus Medizin und Psychologie einfließen lassen, dabei aber immer versucht, die Zusammenhänge allgemein verständlich zu erklären und vor allem die biblischen Grundlagen zu beachten. In seinem Leben erlebte er immer wieder, dass er sowohl die Rolle des Seelsorgers als auch die Rolle des Hilfsbedürftigen einnahm. Aus diesen zahlreichen Erfahrungen heraus speist sich dieses Buch.

Rundum gesund
Gottes geniales Gesundheitskonzept
Pb., 272 S., 13,5 x 20,5 cm
Best.-Nr. 271576
ISBN 978-3-86353-576-6

Gesundheit – ein großes Thema unserer Zeit. Dr. Vreemann zeigt uns Gottes geniales Gesundheitskonzept, das sich in der Bibel versteckt, anfangend bei den Gesundheitsregeln der Wüstenwanderung Israels bis zu den Empfehlungen des Neuen Testaments, wie wir unsere Seele gesund halten können. Sie sind so originell wie hochaktuell und zeigen, dass Gott uns zu jedem Lebensbereich etwas zu sagen hat. Darüber hinaus gibt der Autor einen Ausblick, was Medizin kann und was nicht.

Denn wer wäre nicht gerne „rundum gesund"?

Fitnesstraining für meine Seele
Wie die Weisheit der Bibel meine Seele stärkt
Pb., 240 S., 13,5 x 20,5 cm
Best.-Nr. 271671
ISBN 978-3-86353-671-8

Was kann ich für die Fitness meiner Seele tun? Wie bleibe ich seelisch gesund? Das untersucht der Arzt Dr. Vreemann am Beispiel von sechs Stationen im „Fitnessstudio“ für die Seele. Zunächst zeigt er, was die Bibel dazu zu sagen hat und welche biblischen Vorbilder es gibt. Dann berichtet er von praktischen Beispielen aus dem Alltag, bevor er uns Trainingstipps gibt.

Auch wenn die Bibel uns nirgendwo körperliche oder seelische Gesundheit garantiert, bietet sie doch die beste Grundlage dafür, seelisch fit zu bleiben oder zu werden. Probieren Sie es aus – es lohnt sich!